O PRÍNCIPE
MAQUIAVEL

Tradução e Edição de Rodrigo Vargas

Numa Linguagem Atual, Fácil e Fiel ao Pensamento do Autor

O PRÍNCIPE
MAQUIAVEL

Tradução e Edição de Rodrigo Vargas

O PRÍNCIPE
MAQUIAVEL

Traduzido do original em italiano "Il Principe", de Niccolò Machiavelli (Nicolau Maquiavel).
Última revisão/atualização em 2023.
1ª Edição em formato ebook publicada em 2020.

FICHA CATALOGRÁFICA FEITA PELO EDITOR

M297   Maquiavel, Nicolau

O Príncipe / Nicolau Maquiavel - Tradução e edição de Rodrigo Vargas. Autopublicado pelo pelo editor, através do sistema de impressão por demanda, a partir de 2020. Impresso por Amazon.

170 p.; il.; 15,24 x 22,86cm (6" x 9")

ISBN-13: 979-8691157271

1. Ciências Sociais. 2. Ciência Política. 3. Relações de Poder. 4. Estratégia. I. Título.

CDD: 320
CDU: 321

SOBRE O TRADUTOR

Rodrigo Vargas é Engenheiro Mecânico formado pela Universidade Federal do Paraná. É pós-graduado em Gestão Empresarial pela Fundação Getúlio Vargas, e pós-graduado em Engenharia de Manutenção Mecânica pela Universidade Federal do Paraná. Tem mais de 30 anos de experiência profissional, sendo mais de 20 dedicados a atividades de gestão e liderança, tendo trabalhado em renomadas empresas multinacionais, com vivência profissional internacional na Europa, Ásia e América Latina. É o criador e editor do portal GestaoIndustrial.com, onde disponibiliza gratuitamente, há mais de 10 anos, informações sobre os tópicos principais da Gestão Industrial, abrangendo as áreas administrativa, financeira, comercial e industrial; além de publicar no blog, dentro do portal, artigos relevantes nas categorias de administração geral, cultura organizacional, desenvolvimento profissional, liderança, marketing, planejamento estratégico, gestão de projetos, produtividade e qualidade. É também o criador e editor do blog internacional de gestão e liderança WithinManagement.com. Rodrigo obteve certificação *Black Belt* na metodologia Seis Sigma, certificação *Practitioner* em Programação Neurolinguística, certificação de Auditor Líder do Sistema de Gestão da Qualidade ISO 9001, e formação complementar em Docência pela Fundação Getúlio Vargas. Rodrigo Vargas tem vários livros publicados nas áreas de gestão, finanças e cognição (ao final do livro há uma lista completa dos títulos). No final de 2020, Rodrigo Vargas criou o canal Universo da Gestão, no YouTube, com os temas mais importantes da gestão, em vídeo.

SUMÁRIO

PREFÁCIO DO TRADUTOR

Eu pensei em traduzir o livro "O Príncipe", depois de ter começado a escrever comentários sobre esse texto de Maquiavel, os quais eu tinha a intenção de publicar. Porém, logo me dei conta de que precisaria dos direitos de publicação de alguma tradução do livro para o português, coisa que não tinha. Foi aí que resolvi, eu mesmo, traduzir a partir do original italiano, já em domínio público.

Decidido a traduzir "O Príncipe", dediquei-me a produzir um livro com uma linguagem atual e fácil de entender, ainda que fiel ao pensamento e ao estilo de Maquiavel. O desafio foi grande, pois, todos os meus livros já publicados foram como autor, e quase todos, em português, sendo que, "O Príncipe" foi minha primeira experiência como tradutor de um livro em italiano; portanto, ainda que eu já tenha trabalhado em uma filial de uma empresa italiana, tenha passado várias semanas na Itália, estudado a língua e vivenciado sua cultura, acredito que, para mim, tenha sido mil vezes mais difícil que para qualquer profissional tradutor acostumado a esse trabalho, dado que, linha a linha, a tradução exigiu-me muito. Pois, eu não seguia adiante, caso não firmasse convicção no sentido que Maquiavel quis dar ao texto, e, tampouco, se o meu texto em português não estivesse suficientemente compreensível ao leitor, em geral. E, para isso, utilizei várias edições do original italiano como base; além de várias edições traduzidas ao português e inglês, para análise. Com isso, fracionei cada parágrafo do livro, e detive-me de forma obstinada na interpretação e compreensão de cada linha, e, obviamente, no sentido da narrativa como um todo.

Mas, depois de uma longa jornada, foi feito! Desde a concepção do projeto, até o final da última revisão e posterior publicação, passaram-se, praticamente, dois anos. E a vantagem para o leitor, que me parece razoável, ao final desse trabalho, é poder ler um texto com as características e o estilo de Maquiavel, num português fluido e compreensível. E, para proporcionar ainda maior entendimento do pensamento de Maquiavel, destaquei, ao longo do texto, as suas frases mais representativas, já que eu, como tradutor, aprofundei-me razoavelmente no texto, e tive a oportunidade de perceber aqueles pontos, dentro de cada capítulo, que melhor evidenciavam a essência de seu pensamento. Ainda, pensando em favorecer o entendimento do texto de Maquiavel, adicionei uma seção ao final do livro com o nome e a descrição resumida dos personagens históricos citados no livro, classificados em ordem alfabética, de acordo com o seu primeiro nome, ou com o nome pelo qual é citado no livro, sempre procurando a medida do bom senso para facilitar a busca.

Sinceramente, agora falando sobre o conceito que a maioria parece ter de Maquiavel, ainda que ele não pareça ter sido tão diabólico como pensam aqueles que não conhecem sua obra, está longe de parecer um paladino da ética. Porém, não querendo isentá-lo daquilo que lhe seja devido por conta do que tenha escrito, o adjetivo "maquiavélico" lhe reduz a um mero verbete pejorativo, e seu trabalho é muito maior que isso. É preciso, também, considerar que o contexto da época de Maquiavel era de governos brutais e guerras constantes.

Mas, voltando aos nossos tempos, eu posso dizer que conheci, durante minha trajetória profissional nas indústrias por onde passei, na minha extensa vida corporativa, algumas pessoas que pouca preocupação demonstravam com a ética, mas eram, de fato, aceitas pelas Organizações. Portanto, Maquiavel, no meu modo de ver, não me parece mais maquiavélico (com a devida licença para o trocadilho) do que muitos profissionais que conheci nas Organizações por onde passei. A diferença é que Maquiavel era um filósofo, um estudioso das relações de poder e das formas de governo, e por isso, seu texto pode ser aproveitado em várias situações e transmutado ao contexto das Organizações de hoje, com os devidos filtros e as pertinentes ressalvas, é claro.

Boa leitura!
Rodrigo Vargas

SOBRE MAQUIAVEL E O PRÍNCIPE

Nicolau Maquiavel (Niccolò di Bernardo dei Machiavelli) foi secretário da República de Florença, de 1498 a 1512, além de escritor e filósofo. Nasceu e morreu em Florença, em 3 de maio de 1469, e em 21 de junho de 1527, respectivamente. Maquiavel foi contemporâneo de Michelangelo e de Da Vinci, em pleno Renascimento (movimento cultural que transformou as artes, as ciências, e a filosofia). Enquanto Michelangelo esculpia o "David", Da Vinci pintava a "Monalisa", Maquiavel escrevia "O Príncipe", com diferença de uns poucos anos. Acima, à esquerda, o retrato de Maquiavel, pintado a óleo pelo artista italiano Santi di Tito.

Depois de Luís XII ser forçado a abandonar a Lombardia pelo papa Júlio II, os Medici voltam ao poder, em Florença, em 1512, sob a liderança de Giovanni di Lorenzo de Medici (que, mais tarde, em 9 de março de 1513, seria eleito papa Leão X). Maquiavel, acusado de participar de uma suposta conspiração contra os Medici, foi, em 11 de fevereiro de 1513, preso e torturado. Por nada de concreto ter sido encontrado contra ele, foi libertado um mês depois, em 11 de maço de 1513, mas exilado de Florença em seguida. O livro "O Príncipe" foi escrito por Maquiavel no segundo semestre de 1513, no *Albergaccio,* casa de propriedade de sua família, no pequeno distrito de Sant'Andrea in Percussina, na cidade de San Casciano in Val di Pesa (próxima de Florença), onde ficou exilado até 1514.

Mas, a dedicatória e o último capítulo, foram compostos alguns anos depois. Maquiavel, numa carta, datada de 10 de dezembro de 1513, dirigida a Francesco Vettori (embaixador de Florença e seu amigo) expressou seu desejo de dedicar o trabalho (Maquiavel refere-se ao seu livro nessa carta como "opúsculo" - pequeno livro, folheto - do italiano "opuscolo") a Giuliano di Lorenzo de Medici, mas, de tanto hesitar em fazê-lo, sobreveio sua morte em 1516. Sendo assim, Maquiavel acabou dedicando o livro ao sobrinho de Giuliano, Lorenzo II de Medici (neto de Lorenzo, o Magnífico) - essa dedicatória está logo antes do primeiro capítulo deste livro.

A intenção era, de todo modo, dedicar o trabalho ao membro da família Medici com mais poder em Florença, por dois motivos: um, para que o Príncipe pudesse libertar a Itália, unificando-a (desejo esse que é exteriorizado no último capítulo do livro); e, o segundo, porque tinha a esperança de obter de volta seu cargo de secretário da república de Florença, o que jamais ocorreria. No entanto, com a morte de Lorenzo II, em 1519, assume o poder Giulio di Giuliano de Medici (sobrinho de Lorenzo, o Magnífico, e que mais tarde se tornaria o papa Clemente VII) que, sendo menos contrário a Maquiavel, contratou-o para escrever sobre a história de Florença, livro que ele terminaria somente em 1525.

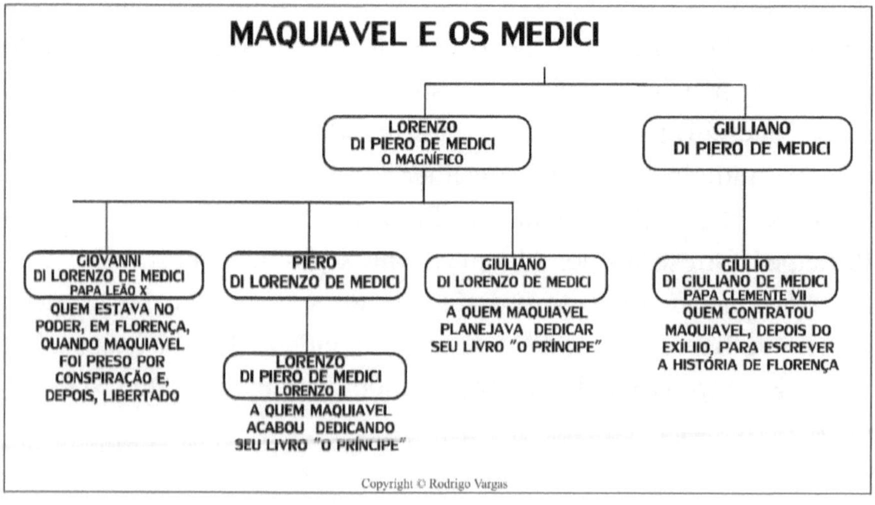

A primeira edição impressa de "O Príncipe" foi publicada apenas em 1532, cinco anos depois da morte de Maquiavel. O título original em latim, dado por Maquiavel, era "De Principatibus", que significa "Sobre Principados", e depois, alterado na edição original póstuma, impressa por Antonio Blado, para "O Príncipe" (em italiano, "Il Principe"), título com o qual é conhecido até hoje. Aliás, todos os títulos dos capítulos também foram escritos por Maquiavel, em latim.

O livro "O Príncipe" é resultado do conhecimento que Maquiavel havia adquirido por estudo, observação e análise atenta da política e dos governos de várias épocas. Ao longo dos seus 26 capítulos, Maquiavel faz uma análise crítica e apurada dos vários governos, das várias batalhas e invasões acontecidas, não apenas em sua época, mas, também, de um passado mais distante; exemplificando as várias estratégias utilizadas por diversos príncipes, reis, imperadores, nobres, generais e capitães conhecidos, salientando o que funcionou, e o que não funcionou, na tomada e manutenção do poder; servindo como um verdadeiro manual de como estabelecer o domínio de um reino, precavendo-se de insucessos. O livro é um tratado de ciência política e das relações de poder, escrito com objetividade, cheio de exemplos, e com extremo senso prático.

IL PRINCIPE DI NICOLO MACHIA VELLI SEGRETARIO, ET CITTADINO FIO. RENTINO.

QVANTE SIANO LE SPETIE DE PRINcipati, et con quali modi si acquistino Cap. I.

VTTI LI STATI, Tutti è Dominij che hanno hauuto, et hanno Imperio sopra g'i huomini sono stati, et sono ò Repu. ò Principati. E Principati sono ò hereditarij, de quali el sangue del loro Signor ne sia stato lungo tempo Principe ò è sono nuoui, è nuoui ò sono nuoui tutti, come fu Milano à Francesco Sforza, ò sono come membra aggiunti allo stato hereditario del Principe che li acquista, come è il Regno di Napoli al Re de Spagna, sono questi dominij cosi acquistati ò consueti à uiuere sotto un Principe ò usi ad esser liberi, et acquistisi ò con l'armi d'altri ò con proprie, ò per Fortuna, ò per Virtù.

DE E PRINCIPATI HEREDITARII Cap. II.

O LASCERO indrieto il ragionare delle Repub. perche altra uolta ne ragionai è lungo, uolterommi solo al Principato, et andrò nel tessere quelle orditure disopra disputando come questi Principati si possano gouernare, et mantenere: Dico adunque che nelli stati hereditarij, et assuefatti al sangue della lor Principe sono assai minori difficultà à mantenerli che ne nuoui. Perche basta solo non trapassar l'ordine de suoi antenati, et di poi temporeggiare con li accidenti in modo che se tal Principe è di ordinaria industria sempre si manterrà ne lo suo stato se non è una ordinaria, et eccessiua forza che ne lo priui, et priuato che ne sia, quantunche à sinistro habbia io

Folha de rosto de uma edição italiana, de 1532, do livro O Príncipe.

IL PRINCIPE
DI NICOLO MACHIAVELLI,
AL MAGNIFICO LORENZO
DI PIERO DE MEDICI.

LA VITA
DI CASTRVCCIO CASTRACANI
DA LVCCA.

IL MODO CHE TENNE
IL DVCA VALENTINO
PER AMMAZZARE VITELLOZZO VITELLI,
OLIVEROTTO DA FERMO, IL SIGNOR PAGOLO,
ET IL DVCA DI GRAVINA.

I RITRATTI
DELLE COSE DELLA FRANCIA
ET DELL' ALAMAGNA.

M. D. L.

Folha de rosto de uma edição italiana, de 1550, do livro O Príncipe.

AO MAGNÍFICO LORENZO DE MEDICI

Na maioria das vezes, aqueles que querem agradar a um Príncipe costumam presenteá-lo com as coisas que lhes são mais caras, ou com aquelas que eles apreciem mais. Muitas vezes são ofertados cavalos, armas, tecidos de ouro, pedras preciosas e outros ornamentos dignos da grandeza de quem os recebe. Eu também gostaria de presenteá-lo com algo que provasse toda minha reverência, e entre meus bens não encontrei algo que eu considere e estime mais do que o conhecimento relativo aos feitos dos grandes homens, conhecimento que adquiri através da experiência com fatos atuais e com um estudo contínuo de eventos passados: e depois de meditar e estudá-los longa e diligentemente, resumi-os em um pequeno volume, que, agora, ofereço-lhe.

E, embora esse trabalho ainda me pareça indigno de sua pessoa, confio na sua cortesia e espero que ele seja aceito, uma vez que não imagino lhe presentear com algo mais útil do que uma forma de o tornar especialista, em pouco tempo, em tudo que aprendi e entendi, em muitos anos e entre tantos perigos. E, neste trabalho, não utilizei construções gramaticais confusas, palavras redundantes, distrações retóricas ou floreios desnecessários, todos os artifícios com os quais muitos estão acostumados a desenhar e decorar suas obras. Prefiro que meu trabalho não seja considerado senão pela importância do assunto e a profundidade dos argumentos utilizados. Mas não quero que se tome como presunçoso um homem humilde que ouse criticar e aconselhar um príncipe. Porque, como um geógrafo que desenha os mapas se posiciona nos vales para estudar a conformação de montanhas e planaltos; e, para retratar os vales, ele se coloca em uma posição elevada nas montanhas; da mesma maneira é preciso ser um Príncipe para conhecer a natureza do povo, e, para entender bem os príncipes, há que ser um súdito.

Aceite, pois, este humilde presente com a mesma disposição com a qual eu o ofereço; e, se levar em consideração esse meu presente, e o ler de bom grado, saberá o quanto desejo que tenha a grandeza que o destino e todas as suas outras qualidades lhe prometem. E se, do alto de sua grandeza, desviar o olhar para baixo, saberá quão desmerecidamente tenho suportado as desgraças do destino.

Maquiavel usa, no título, o adjetivo "magnífico", que faz alusão ao avô famoso de Lorenzo, que era conhecido como "Lorenzo, o Magnífico". (Nota do Tradutor)

CAPÍTULO I - DE QUANTAS ESPÉCIES SÃO OS PRINCIPADOS E DE QUE MODOS SE ADQUIREM

Todos os estados e governos que exerceram o poder sobre os homens sempre foram ou repúblicas, ou principados. Os principados ou são hereditários, e então o trono mantém a linhagem por algum tempo, ou são principados novos.

Os principados novos são: ou completamente novos, como Milão era para Francisco Sforza; ou são conquistados pelo Príncipe para ser anexados ao seu estado, como foi o reino de Nápoles, passado para o rei da Espanha. Estes domínios assim conquistados são: ou acostumados ao governo de um príncipe, ou são livres e depois conquistados. As conquistas podem acontecer utilizando-se um exército do próprio príncipe, ou utilizando-se exércitos de outros. Essas conquistas podem, ainda, ocorrer: ou pela sorte, ou pela competência.

> *"As conquistas podem acontecer utilizando-se um exército do próprio príncipe, ou utilizando-se exércitos de outros. Essas conquistas podem, ainda, ocorrer: ou pela sorte, ou pela competência."*

CAPÍTULO II - DOS PRINCIPADOS HEREDITÁRIOS

Não vou tratar neste livro das repúblicas, porque isto já o fiz em outro trabalho. Aqui vou cobrir apenas os principados, e, de acordo com o título acima, falarei sobre como esses principados podem ser governados e mantidos. Digo, então, que os principados hereditários, aqueles em que o povo está acostumado a uma determinada família governante, são menos difíceis de manter do que os estados novos, pois, basta que você não transgrida os costumes dos antecessores, e trate das eventuais adversidades, o que um Príncipe mediano deverá conseguir com relativa facilidade; a menos que se depare com circunstâncias extremamente desfavoráveis. Mas, se alguma vez for retirado do poder, esse príncipe, ainda assim, deverá ser capaz de derrotar o usurpador e voltar ao poder.

Como exemplo, na Itália, o duque de Ferrara resistiu ao ataque dos Venezianos em 1484, e do papa Júlio II em 1510, somente por ser antigo o domínio de sua família. Porque um Príncipe hereditário está no trono por direito, e o uso da força é menos necessário, donde se conclui que ele deva ser mais amado e, se não se fizer odiar por conta de grandes defeitos, é lógico e natural que seja benquisto por todos. Devido à antiguidade e continuidade do governo, o povo vai assimilando as mudanças, esquecendo suas razões originais: porque uma mudança sempre deixa a base para a próxima.

> *"Devido à antiguidade e continuidade do governo, o povo vai assimilando as mudanças, esquecendo suas razões originais: porque uma mudança sempre deixa a base para a próxima."*

CAPÍTULO III - DOS PRINCIPADOS MISTOS

É no principado novo que aparecem as dificuldades. E, primeiro, se não se trata de um principado inteiramente novo, mas um membro adicionado a um estado existente (que, em conjunto, pode-se chamar de misto), seus problemas nascem, primeiro, de uma dificuldade natural, como é em todos os novos principados: os homens mudam de boa vontade de senhor, se acreditarem que isso trará melhoria; e essa esperança faz com que eles peguem em armas contra os atuais senhores; no que se enganam porque a experiência mostra que, depois, a situação piora.

> *"Os homens mudam de boa vontade de senhor, se acreditarem que isso trará melhoria; e essa esperança faz com que eles peguem em armas contra os atuais senhores; no que se enganam porque a experiência mostra que, depois, a situação piora."*

Disso resulta outra necessidade natural e comum, que torna sempre necessário um novo Príncipe ofender ou prejudicar seus novos súditos, seja por conta da ação de seus soldados, seja por conta da própria conquista recente. Assim, são seus inimigos todos aqueles que se sentem ofendidos com o fato de ocupar o principado, mas, também, não pode manter como amigos aqueles que o colocaram ali, por não poder satisfazê-los da maneira que eles imaginam, nem pode aplicar-lhes corretivos fortes, uma vez que contraiu dívida moral para com eles; porque mesmo que tenha um forte exército, tem sempre necessidade do apoio dos habitantes para dominar uma província.

Por essas razões, Luís XII, Rei da França, ocupou Milão rapidamente, e rapidamente o perdeu, sendo suficiente para removê-lo as forças de Ludovico Sforza; pois o povo que abriu as portas ao rei da França, achando-se iludido quanto ao bem que esperava, não pôde suportar o novo senhor. É bem verdade que, reconquistando posteriormente as regiões rebeladas, mais dificilmente são perdidas, porque seu senhor, em razão da experiência de rebelião anterior, é menos hesitante em assegurar-se da punição dos revoltosos, em investigar os suspeitos, e em cuidar melhor de seus pontos mais fracos. De modo que, para a França perder Milão pela primeira vez foi suficiente que o duque Ludovico desestabilizasse as fronteiras, mas na segunda vez foi necessário ter todo mundo contra, e que os exércitos franceses fossem debelados ou expulsos da Itália; o que resultou das causas anteriormente mencionadas. No entanto, tanto na primeira, quanto na segunda vez, a França perdeu Milão.

As causas gerais da primeira vez que a França perdeu Milão foram discutidas; resta agora discutir as da segunda, e dizer de que remédio dispunha o rei da França, e o que pode fazer aquele que se encontrar na mesma situação, a fim de manter em poder a sua recente aquisição, coisa que o rei da França não fez.

Eu digo, portanto, que estes estados, conquistando-os e anexando-os a um estado antigo, ou são da mesma província e da mesma língua, ou não são. Quando são, é grande a facilidade em mantê-los, mais ainda quando não são acostumados a viver livres; e, para possuí-lo seguramente, basta extinguir a linhagem do Príncipe que os dominava; porque em outras coisas, mantendo-os nas antigas condições, e não havendo diferença de costume, os homens vivem tranquilamente, como vimos que fez Borgonha, Bretanha, Gasconha e Normandia, que há muito tempo estão com a França; e, embora haja alguma diferença na língua, os costumes são semelhantes, e podem viver juntos facilmente. O conquistador destes estados, portanto, para mantê-los, deve ter em mente duas regras: a primeira é extinguir o sangue do seu antigo príncipe; e a segunda, não alterar nem suas leis nem seus impostos; de modo que, em muito pouco tempo ter-se-á feito a união com o estado antigo.

Mas quando se conquista uma província de língua e costumes diferentes, aí começam as dificuldades, sendo necessário ter muita sorte e habilidade para mantê-los; e um dos principais remédios seria que o Príncipe fosse lá habitá-la. Isso tornaria essa posse mais segura e duradoura, como fez o governo turco da Grécia, que, apesar de ter observado todas as outras questões para manter esse estado, se não morasse ali, não teria sido possível mantê-lo. Porque, quando o Príncipe está presente, vê nascerem as inquietações e logo pode remediá-las, caso contrário, só se terá notícias delas quando não houver mais remédio.

> *"Porque, quando o Príncipe está presente, vê nascerem as inquietações e logo pode remediá-las, caso contrário, só se terá notícias delas quando não houver mais remédio."*

Além disso, a província conquistada não será espoliada pelos oficiais, e os súditos ficarão mais satisfeitos pelo acesso mais fácil ao príncipe, de onde terão mais motivos para amá-lo, se forem bons, ou temê-lo, no caso de agirem de forma diversa. Quem de fora quiser atacar esse estado, terá mais respeito, pois o príncipe, vivendo nele, terá grande dificuldade em perdê-lo. O outro melhor remédio é instalar colônias em um ou dois lugares que sejam quase como chaves desse estado; porque é necessário ou fazer isso, ou manter muitas tropas e armas. Nas colônias, o Príncipe não gastará muito, e com pouca ou nenhuma despesa, conseguirá instalar e manter essas colônias, e apenas prejudicará aqueles que foram retirados dos campos e de suas casas para dar lugar aos novos habitantes, mas que representam uma parcela mínima do estado conquistado. Aqueles que ele ofendeu, permanecendo dispersos e pobres, nunca poderão prejudicá-lo. E todos os outros não prejudicados pelas desapropriações deverão aquietar-se com medo de que lhes ocorra o mesmo.

Porque temos que observar que os homens devem ser ou bem tratados, ou eliminados; porque, se se vingam de pequenas ofensas, que das graves não possam fazê-lo. De modo que a ofensa feita ao homem deve ser tal que não se tema vingança.

Mas mantendo-se, ao invés de colônias, tropas e armas, gasta-se muito mais, tendo que se consumir toda a renda desse estado: de modo que a conquista se transforma em perda, além do que, isso incomoda muito mais o povo, porque prejudica todo aquele estado com as mudanças de alojamento do exército. Todo mundo sente desconforto, e todos passam a ser inimigos, que podem fazer mal, ainda que permaneçam acuados em suas casas.

Manter esta força armada é inútil sob todos os aspectos; mas, ao contrário, a instalação das colônias é bastante útil. O príncipe, no caso da província de língua e costumes diversos, deve se fazer de líder e defensor dos mais fracos, e enfraquecer os mais fortes, além de cuidar que não entre nenhum forasteiro tão poderoso quanto ele. Pois sempre haverá aqueles descontentes que, por ambição ou medo, recorram a outros poderosos. Como já se viu, os etólios colocaram os romanos na Grécia, e em todas as outras províncias em que eles entraram, eles foram colocados lá pelos seus próprios habitantes.

E a ordem das coisas é que, imediatamente que um poderoso estrangeiro entra numa província, todos aqueles que se acham enfraquecidos lhe dão apoio, movidos por uma inveja que têm contra aqueles que exercem o poder.

Por isso, um forasteiro poderoso não deverá fazer nenhum esforço para ganhar o apoio dos menos poderosos, e, todos juntos, de boa vontade, unem-se a ele na conquista do estado. Há somente que atentar que estes aliados menos poderosos não ganhem muita força, nem muita autoridade; e, facilmente, com a própria força do forasteiro, e com a boa vontade dos aliados, o conquistador poderá abater os mais poderosos, a fim de permanecer Senhor absoluto dessa província. Portanto, quem não se prevenir do forasteiro poderoso, logo perderá a sua conquista; e enquanto não a perder, haverá, ainda assim, infinitas dificuldades e aborrecimentos.

Os romanos, nas províncias que conquistaram, observaram bem estas questões: instalaram colônias, fizeram amizade com os menos poderosos sem lhes aumentar o poder; enfraqueceram os mais poderosos, e não deixaram crescer a reputação dos estrangeiros poderosos. Basta apenas a província da Grécia como exemplo. Os aqueus e os etólios tornaram-se amigos dos romanos, o reino dos macedônios foi abatido, Antíoco foi banido. Porém, não foi permitido nem aos aqueus, nem aos etólios aumentar qualquer domínio; nem a persuasão de Filipe o levou a ser amigo dos romanos, nem o poder de Antíoco pode fazer com que conservasse qualquer estado naquela província.

Porque os romanos fizeram, nesses casos, o que todo Príncipe prudente deve fazer: não apenas levando em conta os problemas atuais, mas também os futuros, prevenindo-se adequadamente; porque, ao antecipar-se, pode-se facilmente corrigir os problemas, mas, quando os problemas crescem, o remédio pode não chegar a tempo, porque a doença tornou-se incurável. Assim é no caso da tuberculose, pois dizem os médicos que no começo é fácil de curar, mas difícil de detectar; e com o passar do tempo, sem o remédio adequado, é fácil de detectar, mas difícil de curar. Assim é com as coisas do estado, porque reconhecendo o descontentamento logo no início, coisa apenas de quem é prudente, os males que surgem são curados; mas quando não se reconhecem esses males, eles crescem de tal modo que passam a ser percebidos por todos, mas aí não há mais remédio.

> *"Assim é com as coisas do estado, porque reconhecendo o descontentamento logo no início, coisa apenas de quem é prudente, os males que surgem são curados; mas quando não se reconhecem esses males, eles crescem de tal modo que passam a ser percebidos por todos, mas aí não há mais remédio."*

Os romanos, no entanto, percebendo problemas, sempre os remediavam, e nunca os deixavam prosseguir, com a desculpa de evitar uma guerra, porque eles sabiam que uma guerra não se evita, e se é protelada, implica em benefício do outro. Assim, guerrearam com Filipe e Antíoco, na Grécia, para não ter que fazê-lo na Itália; e eles poderiam ter evitado ambas as guerras, mas não quiseram. Pois, não gostavam de fiar-se no tempo para resolver os problemas, ainda que os sábios de nossa época digam: "aproveite o benefício do tempo". Mas, fiavam-se, isto sim, em sua competência e prudência; porque o tempo se mete em tudo, e pode transformar o bem em mal, e o mal em bem.

> *"O tempo se mete em tudo, e pode transformar o bem em mal, e o mal em bem."*

Mas voltemos à França e examinemos se ela fez algumas das coisas que dissemos; e falarei de Luís XII e não de Carlos VIII, porque o Rei Luís teve domínios mais longos na Itália, e melhor se viu os seus progressos; e verá como ele fez o contrário daquilo que se deve fazer para conservar um estado estrangeiro. O rei Luís XII foi colocado na Itália pela ambição dos venezianos, que queriam ganhar metade do estado da Lombardia pela sua intervenção. Eu não quero culpar a decisão tomada pelo rei; porque, querendo ele pôr os pés na Itália, e, tendo todas as portas fechadas devido ao comportamento do rei Carlos VIII, acabou sendo obrigado a aceitar as amizades que pôde; mas, ainda assim, teria sido bem-sucedido, caso não tivesse cometido outros erros.

O rei Luís XII conquistou, portanto, a Lombardia e imediatamente recuperou a reputação que Carlos VIII havia perdido; Gênova cedeu, os florentinos se tornaram seus amigos, o marquês de Mantova, o Duque de Ferrara, Bentivoglio, a senhora de Forli, o senhor de Faenza, de Pesaro, de Rimini, de Camerino, de Piombino, os Lucchese, os Pisani, os Sanesi, todos foram ao encontro de sua amizade. E, então, os venezianos puderam ter noção da temeridade da decisão tomada por eles, pois, para conquistar duas porções de terra na Lombardia, os venezianos acabaram fazendo o rei Luís XII dono de dois terços da Itália.

Considere, agora, com que facilidade poderia o Rei ter mantido a sua reputação na Itália, se, observadas as regras já mencionadas, tivesse mantidos seguros e defendidos todos os seus amigos, que, por serem em grande número, fracos e temerosos, uns em relação à Igreja, outros em relação aos venezianos, sempre precisavam estar com ele, e o Rei por meio deles poderia facilmente assegurar-se contra aqueles que ainda permaneciam poderosos. Mas ele nem bem havia chegado a Milão, e fez o oposto do que deveria ter feito, dando ajuda ao Papa Alexandre para ocupar a Romanha. Ele não percebeu que essa decisão o fez fraco, afastando seus amigos e aqueles que haviam buscado aliança, e fortaleceu a Igreja, acrescentando ao poder espiritual (que já lhe dava tanta autoridade), o poder de governo. E cometido o primeiro erro, ele foi forçado a cometer outros; tanto que, para pôr fim à ambição de Alexandre de se tornar o Senhor da Toscana, ele foi forçado a vir para a Itália. E, além de ter fortalecido a Igreja e ter perdido seus amigos, querendo conquistar o reino de Nápoles, dividiu-o com o rei da Espanha. E

Luís XII, que, antes, era Senhor da Itália, acabou trazendo um sócio, de modo que os ambiciosos daquela província e os insatisfeitos com ele tinham, agora, a quem recorrer. E onde ele poderia ter deixado um Rei (de Nápoles) submisso a ele, trocou por um Rei (da Espanha) que poderia expulsá-lo de lá.

É uma coisa muito natural e comum querer conquistar, e sempre que os homens o fazem, eles são louvados e não censurados; mas quando eles não estão em condições de fazê-lo, mas querem fazê-lo de qualquer maneira, aí está o erro.

> **_"É uma coisa muito natural e comum querer conquistar, e sempre que os homens o fazem, eles são louvados e não censurados; mas quando eles não estão em condições de fazê-lo, mas querem fazê-lo de qualquer maneira, aí está o erro."_**

Se a França, então, com sua força podia atacar o reino de Nápoles, devia fazê-lo; se não podia, não devia dividi-lo. E se a divisão que fez com os venezianos da Lombardia merecia desculpa pelo fato de ter permitido colocar o pé na Itália, a conquista de Nápoles, na verdade, mereceu reprovação, por não ter havido necessidade para tal.

Luís XII, portanto, cometeu esses cinco erros: eliminou os menos poderosos; aumentou, na Itália, o poder de quem já era poderoso; colocou um estrangeiro muito poderoso; ele não veio morar na Itália; e ele não instalou colônias. Estes erros, porém, poderiam não ter causado maiores prejuízos enquanto ele fosse vivo, se ele não tivesse cometido o sexto erro, o de tomar os territórios dos venezianos. Pois, se ele não tivesse feito a Igreja poderosa, nem colocado a Espanha dentro da Itália, seria razoável e necessário enfraquecê-los; mas tendo tomado aquelas primeiras decisões, ele nunca deveria permitir que os venezianos fossem arruinados; pois sendo poderosos, teriam sempre mantido os outros à distância da

Lombardia, e isso porque os venezianos não iriam concordar que outros, senão eles mesmos, fossem os Senhores da província; da mesma forma que ninguém iria querer tomá-la da França para dá-la aos venezianos, ao mesmo tempo que faltaria coragem para que alguém entrasse em luta contra os venezianos e contra a França, ao mesmo tempo; já que cada um dominava uma metade da Lombardia.

E se alguém dissesse: o rei Luís XII cedeu a Romanha ao papa Alexandre VI e à Espanha, para evitar uma guerra, eu respondo com as razões mencionadas acima. Pois nunca devemos consentir em um mal para escapar de uma guerra; porque não se evita uma guerra assim, apenas se adia, e com alguma desvantagem.

> *"Pois nunca devemos consentir em um mal para escapar de uma guerra; porque não se evita uma guerra assim, apenas se adia, e com alguma desvantagem."*

E se alguns outros atribuem a palavra que o Rei tinha dado ao papa, para fazer por ele aquele empreendimento em troca da dissolução de seu casamento, e pelo chapéu de Cardeal ao arcebispo de Ruão, respondo com o que mais adiante se dirá, segundo minha opinião, acerca da palavra dos Príncipes e de que forma ela deve ser observada.

O rei Luís XII perdeu, portanto, a Lombardia por não ter observado nenhum desses pontos, observados por outros que haviam tomado províncias e queriam mantê-las. Não há milagre algum nisso, mas é muito razoável e comum. E deste assunto eu falei em Nantes com Ruão, quando Valentino ocupou a Romanha: porque, dizendo-me o Cardeal de Ruão, que os italianos não entendiam de guerra, respondi que os franceses não entendiam de estado, porque, se entendessem, não teriam deixado a Igreja chegar à tamanha grandeza. E pela experiência, vimos que a grandeza na Itália, a que chegaram a Igreja e a Espanha, foram causadas pela própria França, cuja ruína decorreu delas.

Disso se conclui uma regra geral, que nunca, ou raramente, falha: aquele que faz com que uma pessoa se torne poderosa, arruína-se; porque esse poder é causado pela astúcia ou pela força e, tanto uma quanto a outra, tornam não confiável aquele que se tornou poderoso.

"Aquele que faz com que uma pessoa se torne poderosa, arruína-se; porque esse poder é causado pela astúcia ou pela força e, tanto uma quanto a outra, tornam não confiável aquele que se tornou poderoso."

CAPÍTULO IV - DA RAZÃO PELA QUAL O REINO DE DARIO, OCUPADO POR ALEXANDRE, NÃO SE REBELOU CONTRA OS SUCESSORES DE ALEXANDRE APÓS SUA MORTE

Considerando as dificuldades naturalmente encontradas em manter um estado recém-adquirido, pode ser surpreendente o fato de que, Alexandre Magno, tendo se tornado Senhor da Ásia em poucos anos e, tendo morrido logo depois de ter ocupado aqueles estados, eles não se rebelaram, como seria de se esperar. E seus sucessores os mantiveram, e não tiveram outra dificuldade senão aquela que, por sua própria ambição, eles mesmos criaram. Ponderarei que os principados, dos quais temos memória, foram governados de duas maneiras diferentes: ou por um Príncipe e todos os demais, que, como ministros, ajudam a governar senão pela graça e concessão do senhor; ou por um Príncipe e por Barões que, não pela graça do senhor, mas pela antiguidade do sangue, asseguram essas posições.

Esses Barões têm seus próprios estados e súditos, que os reconhecem como senhores, e têm um afeto natural por eles. Os estados governados por um Príncipe e por ministros têm seu Príncipe com mais autoridade, porque em toda a sua província não há alguém que seja reconhecido como superior; e, se os súditos obedecem a outros, fazem-no por força dos cargos que exercem, e não lhes dedicam a menor estima.

> *"Os estados governados por um Príncipe e por ministros têm seu Príncipe com mais autoridade, porque em toda a sua província não há alguém que seja reconhecido como superior; e, se os súditos obedecem a outros, fazem-no por força dos cargos que exercem, e não lhes dedicam a menor estima."*

Os exemplos dessas duas diversidades de governos são, em nosso tempo, o império otomano e o reino da França. Toda a monarquia turca é governada por um senhor; o resto são seus servidores; e dividindo seu reino em províncias, ele envia vários administradores a elas, mudando e variando como lhe parece melhor. Mas o Rei da França está no meio de uma multidão de Senhores com domínio tradicional, reconhecidos por seus súditos e amados por eles; eles têm suas prerrogativas, e nem o Rei pode tirá-las sem correr perigo. Aqueles que consideram ambos os estados terão mais dificuldade em conquistar o estado turco, mas, uma vez conquistado, será mais fácil mantê-lo.

As causas das dificuldades em conquistar o reino turco são que o usurpador não pode esperar ser convidado pelos Príncipes do reino a se unir a eles, nem pode esperar ser auxiliado em suas pretensões pela revolta daqueles que os rodeiam; isso decorre das razões expostas anteriormente, pois seus ministros, sendo todos servidores, só podem ser corrompidos com grande dificuldade, e pode-se esperar pouca vantagem deles quando foram corrompidos, pois não podem levar o povo com eles, pelas razões indicadas. Portanto, quem atacar o reino turco deve ter em mente que o encontrará unido e terá que confiar mais em sua própria força do que na revolta dos outros; mas se uma vez for conquistado e derrotado, de tal maneira que ele não possa reorganizar seus exércitos, não há nada a temer senão a família deste Príncipe e, sendo esta exterminada, não resta ninguém a temer. Pois, os outros não têm crédito com o povo, e, como o conquistador não confiou neles antes de sua vitória, ele não deveria temê-los depois dela.

O contrário acontece em reinos como o da França, porque alguém pode facilmente entrar lá conquistando algum Barão do reino, pois sempre pode-se encontrar descontentes e outros que desejam uma mudança. Tais homens, pelas razões expostas, podem abrir o caminho para o estado e facilitar a vitória, mas, para mantê-lo depois, encontrará infinitas dificuldades, tanto daqueles que o ajudaram, como daqueles que você oprimiu. Tampouco é suficiente exterminar a família do príncipe, porque os Senhores que permanecem se tornam chefes de novos movimentos contra você, e como você é incapaz de satisfazê-los ou exterminá-los, esse estado será perdido na primeira oportunidade que se apresente.

Agora, se você considerar qual era a natureza do governo de Dario, você o achará semelhante ao reino turco e, portanto, era necessário apenas que Alexandre Magno, primeiro, o vencesse no campo de batalha, e depois assumisse o reino dele. Após a vitória, Dario sendo morto, o estado permaneceu seguro para Alexandre Magno, pelas razões expostas. E se seus sucessores estivessem unidos, eles teriam desfrutado de segurança e comodidade, pois não houve tumultos levantados no reino, exceto aqueles que eles mesmos provocaram.

Mas é impossível manter com tanta tranquilidade estados constituídos como os da França. Daí surgiram frequentes rebeliões contra os romanos na Espanha, França e Grécia, devido aos muitos principados que existiam nesses estados, dos quais, enquanto a memória deles perdurava, os romanos sempre mantinham uma posse insegura; mas com o poder e a longa continuidade do império, a memória deles desapareceu, e os romanos tornaram-se possuidores seguros. E, quando, mais tarde, os romanos brigaram entre si, cada um foi capaz de arrastar parte daquelas províncias, de acordo com a autoridade que cada um havia conseguido impor; e essas províncias, por não existir mais o sangue de seus antigos senhores, reconheciam apenas a soberania dos romanos.

Quando essas coisas são lembradas, ninguém ficará maravilhado com a facilidade com que Alexandre Magno mantinha o Império da Ásia, ou com as dificuldades que outros tiveram para manter uma aquisição, como Pirro. E isso não é ocasionado pela capacidade maior ou menor do conquistador, mas pela diversidade dos estados vencidos.

CAPÍTULO V - DA MANEIRA DE GOVERNAR AS CIDADES OU PRINCIPADOS QUE, ANTES DA OCUPAÇÃO, VIVIAM SOB SUAS PRÓPRIAS LEIS

Quando um estado que está acostumado a viver de acordo com suas próprias leis e em liberdade é conquistado, existem três maneiras para mantê-lo: a primeira é arruiná-lo, a outra é residir lá pessoalmente, e a terceira é permitir que viva sob suas próprias leis, arrecadando um tributo, e estabelecendo nele um governo de poucos, que se conservem amigos.

> *"Quando um estado que está acostumado a viver de acordo com suas próprias leis e em liberdade é conquistado, existem três maneiras para mantê-lo: a primeira é arruiná-lo, a outra é residir lá pessoalmente, e a terceira é permitir que viva sob suas próprias leis, arrecadando um tributo, e estabelecendo nele um governo de poucos, que se conservem amigos."*

Porque esse governo, sendo criado pelo príncipe, sabe que não poderá se conservar sem sua amizade e seu poder e, portanto, fará o máximo para manter essa situação. Assim, mais facilmente uma cidade acostumada a viver livre será mantida por intermédio de seus próprios cidadãos, do que de qualquer outra maneira, no caso de não querer arruiná-la.

Vamos ver o exemplo dos espartanos e dos romanos. Os espartanos criaram em Atenas e Tebas uma oligarquia: no entanto, eles as perderam. Os romanos, para manter Cápua, Cartago e Numância, arruinaram-nas e não as perderam. Mas quiseram manter a Grécia como os espartanos, tornando-a livre e permitindo suas próprias leis, e não conseguiram; de tal modo que foram obrigados a arruinar muitas cidades do país para mantê-las. Na verdade, não há maneira mais segura de mantê-las do que as arruinando. E aquele que conquistar uma cidade acostumada à liberdade e não a arruinar, pode esperar ser destruído por ela; pois, na rebelião, sempre tem a palavra de ordem da liberdade e de seus antigos privilégios que nunca serão esquecidos, nem com o passar do tempo, nem por conta dos benefícios recebidos. E seja o que for que se faça, os seus habitantes, a menos que sejam desunidos ou dispersos, nunca esquecerão seu passado e a qualquer momento podem recorrer a ele, como ocorreu em Pisa, depois dos cem anos de submissão pelos florentinos.

Mas quando uma cidade ou província está acostumada a viver sob o domínio de um Príncipe e, sendo extintas as suas gerações, ela, por um lado, acostumada a obedecer e, por outro, não tendo o antigo príncipe, não pode, entre seus habitantes, eleger um novo governo, pois eles não sabem como governar. Por esse motivo, eles são muito lentos para pegar em armas, e um Príncipe pode conquistá-los e mantê-los com muito mais facilidade. Mas, nas repúblicas, há mais ódio e mais desejo de vingança, o que nunca lhes permitirá deixar que a memória de sua antiga liberdade seja esquecida; de modo que a maneira mais segura de manter uma república conquistada é arruiná-la ou habitá-la.

CAPÍTULO VI - DOS PRINCIPADOS NOVOS QUE SE CONQUISTAM COM ARMAS E COMPETÊNCIA PRÓPRIAS

Ninguém se surpreenda se, ao falar de principados inteiramente novos, de Príncipes e estados, eu apresentar os mais significativos exemplos; porque os homens, caminhando quase sempre em caminhos percorridos por outros, e imitando suas ações, ainda assim são incapazes de se manter inteiramente nos caminhos dos outros, ou de alcançar o poder daqueles que imitam. Por isso, um homem sábio deve sempre seguir os caminhos percorridos por grandes homens e imitar aqueles que foram bem-sucedidos, para que, se sua competência não for igual à deles, pelo menos chegará perto.

> *"Um homem sábio deve sempre seguir os caminhos percorridos por grandes homens e imitar aqueles que foram bem-sucedidos, para que, se sua competência não for igual à deles, pelo menos chegará perto."*

O homem deve agir como os arqueiros prudentes que, planejando atingir um ponto que parece muito distante, e conhecendo os limites da força de seu arco, miram muito mais alto do que esse ponto, não para alcançar um ponto superior, mas para poder, com a ajuda de um objetivo mais alto, atingir a marca que eles realmente desejam alcançar. E porque o fato de alguém se tornar um Príncipe pressupõe ter competência ou sorte, pode parecer que uma ou outra dessas duas coisas reduz em muito as dificuldades. No entanto, quem menos confiou na sorte, manteve-se por mais tempo. E é fácil o Príncipe ser forçado, ainda que tenha outros estados, a ir morar pessoalmente no seu novo estado.

Mas, considerando aqueles que, por competência, e não por sorte, se tornaram príncipes, os mais destacados são Moisés, Ciro, Rômulo, Teseu, entre outros. Mesmo que não devamos considerar Moisés, pelo fato dele ter sido um mero executor das coisas que lhe foram ordenadas por Deus; ainda assim, merece ser admirado apenas pela graça de ser digno de falar com Deus. E, considerando Ciro e os outros que conquistaram ou fundaram reinos, todos são admiráveis; e se suas ações e ordens forem levadas em conta, elas não parecerão muito diferentes das de Moisés, embora este tenha tido um Tutor divino.

E, examinando as ações e suas vidas, não será visto que eles tiveram da sorte, nada além da oportunidade de adaptar as coisas da forma que melhor lhes parecessem. Sem essa oportunidade, a competência pessoal deles teria sido apagada e, sem essa competência, a oportunidade teria sido em vão. Era necessário que Rômulo não permanecesse em Alba, e que ele fosse abandonado em seu nascimento, a fim de se tornar Rei de Roma e fundador da pátria. Era necessário que Ciro achasse os persas descontentes com o império dos medos, e estes estivessem amolecidos e afeminados por sua longa paz. Teseu não poderia ter demonstrado sua competência, se não tivesse encontrado os atenienses dispersos. Essas oportunidades, portanto, fizeram esses homens felizes, e a excelente competência deles tornou as oportunidades conhecidas, pelo que a pátria deles ficou enobrecida e muito feliz.

Aqueles que, por competência, semelhantemente a estes grandes homens, tornam-se príncipes, conquistam o principado com dificuldade, mas o mantém com facilidade. E a dificuldade que têm para conquistarem o principado surge em parte da nova sistemática de governo e dos costumes que são forçados a introduzir para fundar seu estado e, também, para sua própria segurança. E devemos considerar que não há coisa mais difícil de lidar, nem de êxito mais duvidoso, e nem mais perigosa, do que ser responsável pela introdução de novas leis.

Porque o novo governo terá como inimigo todos aqueles a quem as leis antigas beneficiavam, e apenas tímidos defensores que se sintam beneficiados com as novas leis; e essa defesa tímida surge, parte por medo dos adversários, que tinham as leis em seu benefício, e parte pelo fato de que os homens têm uma descrença das coisas novas, e não acreditam verdadeiramente nelas, senão depois de um tempo de vivência.

Daí resulta que, sempre que aqueles que são inimigos têm a oportunidade de atacar, eles o fazem com vontade, e os outros o defendem sem entusiasmo, de modo que o novo governo permanece em constante perigo. Portanto, é necessário, desejando discutir bem essa parte, examinar se esses governos novos se mantém por si próprios, ou se dependem de outros para isso; ou seja, se eles, para executarem suas obras, precisam pedir, ou se podem obrigar. No primeiro caso, sempre acabam mal e não fazem nada; mas quando dependem de si mesmos, e podem forçar, aí é que, raramente, ficam em perigo. Por isso, todos os profetas armados venceram e os desarmados foram destruídos. Além das razões mencionadas, a natureza das pessoas é variável e, embora seja fácil convencê-las, é difícil mantê-las nessa persuasão. E, portanto, é necessário tomar medidas tais que, quando não acreditarem mais, seja possível fazê-las acreditar pela força.

> *"A natureza das pessoas é variável e, embora
> seja fácil convencê-las, é difícil mantê-las nessa
> persuasão. E, portanto, é necessário tomar
> medidas tais que, quando não acreditarem mais,
> seja possível fazê-las acreditar pela força."*

Moisés, Ciro, Teseu e Rômulo não teriam conseguido que suas leis fossem seguidas por muito tempo, se estivessem desarmados, como ocorreu, em nossos tempos, com Frei Girolamo Savonarola, que fracassou em suas reformas quando o povo começou a duvidar dele, e ele não tinha meios para manter firmes aqueles que haviam acreditado nele, nem para fazer crer aqueles que o desacreditavam. Esses homens têm grande dificuldade em se manter no rumo, e têm todos os perigos em seu caminho; mas, uma vez tendo sucesso por competência pessoal, começam a ser venerados. E, depois de extinguir aqueles que os invejam, eles permanecem poderosos, confiantes, honrados, e felizes.

A tão grandes exemplos, quero adicionar um exemplo menor, mas que tem relação com os anteriores, e que julgo suficiente para todos os outros casos semelhantes: é o de Hierão de Siracusa. Tornando-se Príncipe de Siracusa, ele está entre os que da sorte não tiveram mais que a oportunidade. Estando os siracusanos oprimidos, eles fizeram Hierão o seu capitão, de onde, depois, mereceu ser feito príncipe; e ele teve tanta competência que quem escreveu sobre ele disse: *Quod nihil illi deerat ad regnandumpraeter regnum.**

** Tradução desse texto em latim: "Que nada lhe faltava, exceto um reino." (Nota do Tradutor)*

Ele extinguiu o antigo exército, organizou um novo; abandonou as antigas alianças, criou novas; e como ele tinha alianças e soldados próprios, ele foi capaz de edificar, com essa base, todas as suas obras; tanto que requereu muito esforço para conquistar, mas pouco para manter.

CAPÍTULO VII - DOS PRINCIPADOS NOVOS QUE SE CONQUISTAM PELA SORTE OU PELA FORÇA DE OUTROS

Aqueles que pela sorte se tornam Príncipes têm pouco trabalho para isso, no entanto, muito trabalho para se manterem. Não têm dificuldade para chegar lá, porque para lá foram alçados, porém, têm todo tipo de dificuldade depois de sua chegada. E esses tipos são aqueles a quem qualquer estado é concedido ou por dinheiro, ou pelo favor de quem o concede. Assim foi feito a muitos na Grécia, nas cidades de Jônia e Helesponto, onde os Príncipes foram feitos por Dario, para sua segurança e glória. Assim eram feitos os imperadores que, de simples cidadãos, chegaram ao império pela corrupção dos soldados. E quem é levado ao poder pela sorte e pela vontade de outros, fica dependente da sorte e da vontade daqueles que o tornaram grande, ou seja, de duas coisas que são muito volúveis e instáveis.

> *"E quem é levado ao poder pela sorte e pela vontade de outros, fica dependente da sorte e da vontade daqueles que o tornaram grande, ou seja, de duas coisas que são muito volúveis e instáveis."*

E esses Príncipes não sabem como se manter no poder, e nem mesmo podem. Não sabem, porque se não são homens de grande inteligência e competência, não é razoável que saibam comandar, tendo sempre vivido em ambiente particular; e não podem, porque não têm forças que lhes possam ser amigas e fiéis. Então, os estados que surgem rapidamente, assim como todas as outras coisas da natureza que nascem e crescem de forma rápida, não podem ter suas raízes e estruturas adequadamente formadas, e a primeira adversidade os aniquila; a não ser aqueles que, como foi dito, tornando-se Príncipes em muito pouco tempo, não pela competência, mas pela sorte, saibam imediatamente se preparar para a manutenção daquilo que a sorte lhes colocou no colo, estabelecendo, ainda que depois, as bases que outros precisaram criar antes de se tornarem príncipes.

Destas duas maneiras de se tornar príncipe, pela competência ou pela sorte, quero dar dois exemplos atuais: Francisco Sforza e César Bórgia. Francisco, por seus próprios meios, e com grande competência, de cidadão comum tornou-se o duque de Milão, e aquilo que, com muito esforço havia conquistado, com pouco trabalho conseguiu manter. Por outro lado, César Bórgia, chamado de duque Valentino, recebeu o estado por sorte, pela mão de seu pai, e tão fácil quanto ganhá-lo, foi perdê-lo; ainda que ele tenha feito todas as coisas que um homem prudente e valoroso devesse fazê-lo, estabelecendo raízes naquele estado, que lhe foi concedido pelas armas e poder de outra pessoa.

Porque, como já foi dito, aqueles que não constroem as fundações antes, poderiam fazê-lo depois, se têm grande competência para isso, ainda que, com dificuldade para o arquiteto e risco para o edifício. Se, portanto, considerarmos todos os progressos do duque Valentino, poderemos ver que ele construiu grandes fundações para sua potência futura; e não considero supérfluo discutir sobre isso, porque eu não saberia dar conselhos melhores a um novo Príncipe do que o exemplo de suas ações, e se essas ações não o ajudaram, não foi culpa sua, mas sim de uma extraordinária e extrema falta de sorte.

Alexandre VI, querendo tornar grande o seu filho duque Valentino, teve grandes dificuldades no presente e no futuro. Primeiro, não encontrava meios de torná-lo Senhor de qualquer estado que não fosse da igreja, porque, se o fizesse, ele sabia que o duque de Milão e os venezianos não permitiriam, porque Faenza e Rimini já estavam sob a proteção dos venezianos. Além disso, ele viu as tropas da Itália e, especialmente, aquelas de que pudesse se servir, nas mãos daqueles que deviam temer a grandeza do Papa; e nelas não podia confiar, estando todas nas mãos dos Orsini, dos

Colonnesi, e seus partidários. Era, portanto, necessário que se perturbasse aquela ordem e que fossem desorganizados os estados da Itália, para tornar possível a conquista de algum deles; o que não foi difícil para ele, pois encontrou os venezianos que, por outras razões, tinham se decido a fazer com que os franceses voltassem para a Itália. Coisa a que o Papa não apenas não fez oposição, mas até facilitou com a dissolução do antigo casamento do rei Luís XII. Portanto, o rei passou para a Itália com a ajuda dos venezianos e com o consentimento de Alexandre VI; e logo que o rei chegou a Milão, o Papa já conseguiu dele tropas para a conquista da Romanha, que foi possível pela reputação do rei.

Tendo o Duque conquistado a Romanha e batido os Colonnesi, e querendo manter essa conquista e prosseguir adiante, duas coisas o impediam: uma, o fato de que as suas tropas não lhe pareciam fiéis; a outra, a vontade da França, isto é, ele temia que as tropas dos Orsini, das quais se valera, não apenas o impedissem de novas conquistas, mas também lhe tirassem o que já havia conquistado, e que o rei Luís XII também lhe fizesse o mesmo.

Dos Orsini teve uma confirmação de suas suspeitas quando, depois da conquista de Faenza, atacou Bolonha e os viu agir com pouco ânimo. E quanto às intenções do rei Luís XII, estas ficaram claras quando, tendo conquistado o ducado de Urbino, atacou a Toscana, e o rei o fez desistir desta empreitada. Por isso o Duque decidiu não depender mais do poder e das tropas dos outros. E a primeira coisa que fez foi enfraquecer as facções dos Orsini e dos Colonnesi em Roma e, para tanto, foi ganhando todos os homens importantes, dando-lhes salários e honrando-os, de acordo com suas qualidades, com postos de comando e de governo; de modo que, em poucos meses, a afeição que tinham pelas facções se extinguiu e se voltou para o duque.

Depois disso, esperou a oportunidade de extinguir os Orsini, estando já dispersos os Colonna, ocasião que lhe surgiu e que ele bem aproveitou. Ao perceberem, os Orsini, tarde demais, que a grandeza do Duque e da Igreja trariam a sua ruína, fizeram uma conferência em Magione, Perugino. Dessa reunião surgiu a rebelião de Urbino, os tumultos da Romanha, e inúmeros perigos ao duque, que a todos superou com a ajuda dos franceses. Tendo, com isso, readquirido a sua reputação, não confiou nem na França, nem em outras forças externas, para não ter que fortalecê-las, mas utilizou-se da astúcia, e soube tão bem esconder suas intenções, que os Orsini se reconciliaram com ele, através do senhor Paolo, a quem o Duque cuidou de iludir, presenteando-o com roupas, dinheiro e cavalos. Dessa maneira, a ingenuidade dos Orsini os levou para a desgraça em Sinigalia, direto nas mãos do duque. Com a extinção desses chefes, e os seus partidários sendo reduzidos a amigos do duque, este lançou boas bases de seu poder. O duque, então, conquistou toda a Romanha com o ducado de Urbino, e, ainda, ganhou o povo para si, que começou a experimentar a prosperidade. E como essa parte é digna de nota e de ser imitada por outros, não quero omiti-la.

Assim que o duque Valentino apoderou-se da Romanha, e achando que estava comandado por fracos senhores, pois preferiam despojar seus súditos do que governá-los, o que era causa de desunião, em vez de união (tanto que aquela província era cheia de latrocínios, brigas e de todo tipo de desordem), considerou necessário, para pacificá-la, dar-lhe um bom governo. Por isso, colocou ali messer* Ramiro d'Orco, um homem cruel e ativo, a quem ele deu todo o poder. Em pouco tempo, ele a deixou pacificada e unida, com grande reputação.

Segundo o Dicionário Etimológico da Lingua Italiana - Zanichelli, o termo "messer" vem do francês antigo "mes sire" (séc. XIII.), que significa "meu senhor". É uma forma respeitosa de tratamento, e foi utilizada por Maquiavel, em algumas situações, no livro. (Nota do Tradutor)

Depois, julgou o duque que não era necessária tão excessiva autoridade, pois não duvidava que viesse a se tornar odiosa; e constituiu um juízo civil no meio da província, com um excelente presidente, onde cada cidade tinha seu próprio representante. E sabendo ele que os rigores do passado haviam gerado algum ódio por ele, para apaziguar os ânimos daqueles povos e conquistá-los, ele queria mostrar que, se alguma crueldade houve, não nasceu dele, mas, sim, devido à natureza amarga do ministro. Então, no momento oportuno, o Duque fez com que ele fosse mostrado, numa manhã, cortado em dois pedaços, numa praça de Cesena, com um pedaço de pau e uma faca ensanguentada ao lado. A ferocidade desse espetáculo fez com que a população ficasse, ao mesmo tempo, satisfeita e espantada.

Mas, voltemos ao ponto de partida. Digo que, achando-se o Duque muito poderoso e parcialmente seguro dos perigos atuais, por ter-se armado à sua maneira e extinto grande parte das tropas que, próximas, poderiam incomodá-lo, restava-lhe, querendo prosseguir com suas conquistas, o temor ao rei da França; porque sabia que o rei, que descobrira tarde o seu erro, não lhe daria mais suporte. E por esse motivo, ele começou a procurar novas amizades e a evitar a França, na incursão que os franceses fizeram ao reino de Nápoles contra os espanhóis que sitiavam Gaeta. E sua intenção era proteger-se dos franceses, o que teria sido fácil, se o papa Alexandre VI continuasse vivo.

E essa foi sua política quanto às coisas presentes. Mas quanto ao futuro, ele temia que o novo sucessor da Igreja não fosse seu amigo, e lhe tirasse o que Alexandre VI lhe dera. Por isso, pensou em agir de quatro maneiras: primeiro, extinguindo as famílias daqueles Senhores que ele havia espoliado, para evitar darem ao novo Papa um motivo para persegui-lo; segundo, trazendo para si todas as pessoas importantes de Roma, para poder manter o Papa sob controle; terceiro, aumentando a sua influência no colegiado da igreja, tanto quanto possível; quarto, aumentando o seu poder e seus domínios antes da morte do papa, seu pai, para que ele mesmo pudesse resistir aos primeiros ataques.

Dessas quatro coisas, por ocasião da morte de Alexandre VI, ele já havia realizado três, e a quarta estava quase terminada. Dos Senhores espoliados, ele matou tantos quanto pôde alcançar, e poucos se salvaram; havia conquistado o apoio dos romanos mais importantes; e, no colegiado da igreja, já tinha boa parte a seu lado. E quanto à nova conquista, ele planejava se tornar Senhor da Toscana; já possuía Perugia e Piombino, e Pisa estava sob sua proteção. Como ele não precisava mais ter respeito pela França (pois os franceses foram expulsos do reino Nápoles pelos espanhóis, de modo que, a cada um deles era necessário buscar sua amizade), logo atacaria Pisa. Depois disso, Lucca e Siena cederiam imediatamente, em parte por ódio dos florentinos, em parte por medo; e os florentinos não teriam escapatória. O que, se tivesse conseguido fazer, aconteceria no mesmo ano em que Alexandre morreu, e isso lhe daria tanta força e reputação que por si só se manteria, sem depender do poder ou da força dos outros, mas apenas de seu poder e competência.

Mas Alexandre VI morreu cinco anos depois que ele, pela primeira vez, havia sacado sua espada. Deixou-o apenas com o estado da Romanha consolidado, e com todos os outros no ar, entre dois exércitos inimigos muito poderosos, e doente de morte. Havia no Duque tanta ousadia e tanta competência, sabendo ele muito bem que os homens devem ser conquistados ou aniquilados, e tão firmes eram as fundações que, em tão pouco tempo, ele havia estabelecido, que se ele não tivesse aqueles exércitos em cima dele, ou se estivesse em boa saúde, teria superado todas as dificuldades. E viu-se que suas fundações eram boas, pelo fato de que a Romanha esperou por ele mais de um mês; e ele, em Roma, ainda que meio morto, esteve seguro - embora os Baglioni, Vitelli e Orsini tenham chegado a Roma, nada puderam fazer contra ele. E se não pôde fazer o Papa que ele queria, pelo menos evitou que fosse o que ele não queria. Mas, se na morte de Alexandre VI ele estivesse bem de saúde, tudo lhe teria sido fácil. E ele me disse, no dia em que Júlio II foi eleito papa, que havia pensado em tudo o que poderia acontecer com a morte de seu pai, e para tudo encontrara remédio; mas jamais havia pensado que ele mesmo estivesse para morrer.

Reunidas assim todas essas ações do duque, eu não seria capaz de criticá-lo em nada. Na verdade, parece-me correto, como o fiz, propor imitar essas ações a todos que, pela sorte, ou pela força dos outros, são levados ao poder. Porque tendo ele um grande ânimo, e muita vontade, não poderia ter governado de outro modo; e apenas a brevidade da vida de Alexandre VI, e a sua própria enfermidade, se opuseram ao seu destino.

Qualquer um que considere necessário em seu novo principado garantir-se contra seus inimigos, fazer novos amigos, ganhar pela força ou pela astúcia, ser amado e temido pelas pessoas, ser seguido e reverenciado pelos soldados, eliminar aqueles que podem ou tem razões para ofendê-lo, criar novas leis, ser severo e agradecido, magnânimo e liberal, dissolver as milícias infiéis e criar novas, manter as amizades dos Reis e dos príncipes, de tal maneira que eles devam ajudar com zelo e ofender com cautela, não poderá encontrar exemplos mais recentes do que as ações do duque.

Somente pode-se culpá-lo na criação de Júlio II, e que foi uma má eleição; porque, como se disse, não sendo ele capaz de fazer o Papa que ele queria, ele pôde somente ser capaz de evitar a eleição de quem não queria. Mas ele nunca deveria ter consentido com o papado de um dos Cardeais a quem já tivesse ofendido, ou que, se viesse a ser papa, tivesse que temê-lo. Pois os homens ofendem e atacam ou por medo ou por ódio.

> ## *"Os homens ofendem e atacam ou por medo ou por ódio."*

Os que tinham motivo para odiá-lo eram, entre outros, San Pietro ad Vincula, Colonna, San Giorgio, Ascânio. Todos os outros, se viessem a ser papas, tinham motivo para temê-lo, exceto o de Ruão e os espanhóis; estes por aliança e por obrigações, aquele pela força, tendo ao seu lado o reino da França. Portanto, o Duque deveria, antes de tudo, ter feito Papa um espanhol e, não sendo possível, ele deveria ter permitido que fosse Ruão, e não San Pietro ad Vincula. E aqueles que acreditam que grandes e novos benefícios farão esquecer as ofensas antigas, estão enganados.

Então, o Duque errou nessa eleição, e isso foi a causa de sua derradeira ruína.

CAPÍTULO VIII - DAQUELES QUE CHEGARAM AO PRINCIPADO PELA MALDADE

Sendo possível tornar-se um Príncipe de duas outras maneiras que não podem ser inteiramente atribuídas à sorte ou à competência, não parece certo deixá-las de lado, ainda que se pudesse falar mais amplamente, de uma delas, ao tratar das repúblicas. Estas duas outras maneiras são quando, ou por alguma maneira perversa e maldosa chega-se ao principado, ou pelo favor de seus concidadãos, torna-se Príncipe de sua terra natal. E, falando do primeiro modo, mostro dois exemplos, um antigo, outro moderno, sem entrar, contudo, no mérito dessa parte, porque julgo que basta, para aqueles que precisam, imitá-los.

Agátocles Siciliano, de situação muito inferior e desprezível, se tornou Rei de Siracusa. Filho de um oleiro, ele sempre teve uma vida perversa e de crimes. Suas maldades eram acompanhadas de tanta dedicação de corpo e alma que, ingressando na força militar, foi conquistando promoções, de tal modo, que chegou ao posto de juiz de Siracusa. Após isso, decidiu se tornar príncipe, e manter, pela violência e sem favor de outros, o poder que lhe fora concedido pela vontade de todos. E, tendo esse projeto, estabeleceu um acordo com Amilcar cartaginês, que estava com seus exércitos na Sicília. Reuniu, numa manhã, o povo e o senado de Siracusa, como se tivesse que deliberar sobre assuntos pertinentes à república e, com um aceno combinado, os soldados mataram todos os senadores e os homens mais ricos da cidade. Assim, Agátocles apoderou-se do governo, tornando-se Príncipe de Siracusa, sem nenhuma resistência. Embora os cartagineses tivessem rompido com ele duas vezes e, estando sitiado, ele não apenas foi capaz de defender sua cidade, mas deixou parte de sua gente em defesa dela, e com os outros atacou Cartago, na África. Em pouco tempo, libertou Siracusa do cerco e levou os cartagineses a tão extrema dificuldade que foram obrigados a um acordo, contentando-se com a posse da África, e deixando Agátocles com a Sicília. Quem quer que considere, portanto, todas as suas ações, não encontraria algo, ou pouco encontraria, que pudesse ser atribuído à sorte. Como já mencionado, não foi pelo favor de ninguém, mas pela sua ascensão na força militar, conquistada com mil dificuldades e perigos, que alcançou o principado e que, depois, de forma ousada e perigosa, o manteve. Mas ainda não se pode encontrar mérito em matar seus concidadãos, trair amigos, não ter fé, não ter piedade, não ter religião; desse modo se pode conquistar o poder, mas não a glória.

"Mas ainda não se pode encontrar mérito em matar seus concidadãos, trair amigos, não ter fé, não ter piedade, não ter religião; desse modo se pode conquistar o poder, mas não a glória."

Pois, se considerarmos a competência de Agátocles em entrar e sair de perigos, e a grandeza de seu ânimo em suportar e superar adversidades, não se vê por que ele deva ser considerado inferior a qualquer excelente capitão; no entanto, sua crueldade brutal e desumanidade, com infinita maldade, não permitem que ele seja celebrado entre os homens mais notáveis. Portanto, não se pode atribuir nem à sorte, nem à competência, aquilo que ele conseguiu.

Em nossos tempos, no pontificado de Alexandre VI, Oliverotto de Fermo, tendo ficado órfão de pai anos antes, foi criado por seu tio materno, chamado Giovanni Fogliani, e nos primeiros anos de sua juventude foi direcionado à vida militar, sob os cuidados de Paolo Vitelli, de modo que alcançasse um alto posto. Após a morte de Paolo, ficou sob o comando de Vitellozzo Vitelli, irmão de Paolo; e, em pouco tempo, por ser habilidoso e vigoroso (física e mentalmente), ele se tornou um dos primeiros homens de sua corporação. Mas, como considerava inferior o fato de estar na dependência de outros, ele pensou em ocupar Fermo, com a ajuda de alguns cidadãos de lá, que preferiam a servidão do que a liberdade de sua pátria, e com o favor de Vitellozzo.

E escreveu a Giovanni Fogliani dizendo que, como estivera longe de casa por vários anos, ele queria ir visitá-lo e a sua cidade, e, em algum momento, conhecer seu patrimônio. E porque não trabalhou senão para conquistar reconhecimento, queria que seus concidadãos vissem como ele não passara o tempo em vão. Ele queria chegar com grande pompa, acompanhado por uma centena de cavalos de seus amigos e servos; e pedia ao tio para que os cidadãos de Fermo o recebessem com honras, pois isso honraria também o tio, que o tinha educado desde pequeno.

Giovanni, portanto, não deixou de atender aos pedidos do sobrinho. Recebeu-o com honras, e alojou-o em sua própria casa, onde passou alguns dias. Oliverotto aguardou um tempo antes de ordenar sua maldade futura. Organizou, então, um banquete solene, onde convidou Giovanni Fogliani, e todos os homens mais importantes de Fermo. E quando terminou a refeição e todos os divertimentos de praxe, Oliverotto ardilosamente abordou alguns assuntos sérios, falando sobre a grandeza do papa Alexandre VI e de seu filho César Bórgia, e de seus empreendimentos. Tendo Giovanni e os outros respondido a tais considerações, ele se levantou de repente, dizendo que aquelas coisas deveriam ser discutidas em lugar mais secreto, e retirou-se para uma sala, sendo seguido por Giovanni e todos os outros cidadãos. Nem estavam sentados ainda, quando soldados que estavam escondidos mataram Giovanni e todos os outros. Depois dos assassinatos, Oliverotto montou a cavalo, percorreu a cidade e sitiou o magistrado supremo em seu palácio, de modo que, por medo, as pessoas foram forçadas a obedecê-lo, formando um governo do qual ele se tornou príncipe. E mortos todos aqueles que, insatisfeitos, podiam ameaçá-lo, fortaleceu-se com novas leis civis e militares; de modo que, após um ano de posse do principado, ele não apenas estava seguro na cidade de Fermo, como também se tornou temido por todos os seus vizinhos.

Teria sido difícil a sua ruína, como foi a de Agátocles, se ele não tivesse sido enganado por César Bórgia, quando este, em Sinigalia, como já foi dito, aprisionou os Orsini e os Vitelli. Preso também Oliverotto, um ano após o patricídio cometido, ele foi estrangulado junto com Vitellozzo, que havia sido o seu mestre nas maldades.

Poderia alguém duvidar que Agátocles e outros como ele, após infinitas traições e crueldades, pudessem viver por muito tempo e em segurança em sua pátria, e se defender de inimigos externos, sem nunca sofrer uma conspiração de seus cidadãos. Porque muitos outros, ao cometerem tanta crueldade, não conseguiram manter seus estados, nem em tempos de paz, nem nos tempos duvidosos de guerra. Eu acredito que isso vem de crueldades mal ou bem praticadas. As maldades bem praticadas, se é que seja legítimo falar-se bem de algum mal, podem ser chamadas aquelas que são feitas uma única vez, pela necessidade de assegurar-se, e, depois, não se insiste nelas, mas, sim, transforma-as em alguma utilidade para o povo. As maldades mal praticadas são aquelas que, sendo poucas no início, crescem com o tempo, ao invés de se extinguirem. Quem observa o primeiro modo pode, com Deus e com os homens, remediar a sua situação, como o fez Agátocles. Aos que adotam o segundo modo, é impossível manterem-se no poder.

Por isso, deve-se atentar que, ao tomar um Estado, o conquistador deve fazer todas as crueldades de uma só vez, para não ter que voltar a elas a cada dia, para ser capaz de dar segurança aos homens e de conquistá-los com benefícios. Quem age de modo diverso, por timidez ou por maus conselhos, sempre tem necessidade de manter a faca na mão, sem jamais poder confiar em seu povo, porque este também não podem confiar no príncipe, por causa de suas constantes ofensas e agressões. Porque as ofensas devem ser feitas de uma só vez, para que seu sabor se dissipe rápido, e ofenda menos; mas os benefícios devem ser feitos pouco a pouco, para que possam ser saboreados melhor.

> *"Porque as ofensas devem ser feitas de uma só vez, para que seu sabor se dissipe rápido, e ofenda menos; mas os benefícios devem ser feitos pouco a pouco, para que possam ser saboreados melhor."*

E, acima de tudo, um Príncipe deve viver com seu povo de tal maneira que nenhuma circunstância, boa ou má, o faça mudar; porque, em tempos adversos, havendo necessidade, você não terá tempo para fazer o mal; e o bem que você fizer não o ajudará, pois se julgará que o fez forçosamente, e ninguém ficará agradecido.

CAPÍTULO IX - DO PRINCIPADO CIVIL

Mas, analisando o caso de quando um cidadão, não por maldade ou outra violência intolerável, mas com o favor de seus concidadãos, se torna Príncipe de sua terra natal, o que se pode chamar de principado civil (não sendo necessária grande competência ou grande sorte, mas sim uma afortunada astúcia), eu digo que alguém ascende a este tipo de principado ou pelo favor do povo, ou pelo favor dos poderosos. Porque em cada cidade são encontradas essas duas disposições (do povo e dos poderosos), e que surgem pelo seguinte: o povo não quer ser governado e oprimido pelos poderosos, e os poderosos desejam governar e oprimir o povo.

> *"O povo não quer ser governado e oprimido pelos poderosos, e os poderosos desejam governar e oprimir o povo."*

E dessas duas vontades diversas, surgem nas cidades um desses três efeitos: ou um principado, ou a liberdade, ou a desordem.

O principado é criado ou pelo povo, ou pelos poderosos, dependendo da oportunidade que tenha uma ou outra parte; porque, vendo os poderosos não serem capazes de resistir ao povo, darão reputação a um cidadão e o tornarão príncipe, para poder exercer sua vontade à sua sombra. O povo, por sua vez, visto não poder resistir aos poderosos, dará a reputação a um cidadão e o fará príncipe, para poder se defender com sua autoridade. Quem chega ao principado com a ajuda dos poderosos se mantém com mais dificuldade, do que aqueles que chegam ao principado com a ajuda do povo; porque, no primeiro caso, o Príncipe se encontrará rodeado de muitos que lhe parecem iguais; e, por esse motivo, não poderá nem os governar, nem os manobrar como bem entender. Mas quem chega ao principado com o favor popular, encontra-se sozinho e não terá ninguém ou muito poucos ao seu redor que não estejam em condições de obedecer.

Além disso, não é possível, honestamente, satisfazer aos poderosos, sem ofender a outros, mas isso é possível com o povo, porque o povo é mais honesto que os poderosos; pois os poderosos querem oprimir, enquanto o povo quer não ser oprimido. Deve-se acrescentar ainda que um Príncipe nunca pode se proteger da inimizade do povo, por serem muitos, enquanto da inimizade dos poderosos ele pode se proteger, por serem poucos. Mas o pior que um Príncipe pode esperar do povo inimigo é ser abandonado por ele, mas, dos poderosos inimigos, não apenas ele deve temer ser abandonado, mas também que eles se voltem contra ele; pois tendo os poderosos mais visão e astúcia, sempre agem a tempo de salvar a si mesmos, aproximando-se daquele que esperam que saia vitorioso.

> *"Mas o pior que um Príncipe pode esperar do povo inimigo é ser abandonado por ele, mas, dos poderosos inimigos, não apenas ele deve temer ser abandonado, mas também que eles se voltem contra ele; pois tendo os poderosos mais visão e astúcia, sempre agem a tempo de salvar a si mesmos, aproximando-se daquele que esperam que saia vitorioso."*

É necessário, ainda, que o Príncipe viva sempre com o mesmo povo, mas pode passar bem sem os mesmos poderosos, uma vez que pode fazer e desfazer, a cada dia, dando-lhes ou tirando-lhes a reputação, como lhe convém. E para esclarecer melhor essa parte, digo que os poderosos devem ser considerados, principalmente, de duas maneiras: ou procedem inteiramente comprometidos, em concordância com o príncipe, ou não. Aqueles que têm comprometimento, e não têm cobiça, devem ser honrados e amados; aqueles que não se comprometem têm que ser considerados de duas maneiras: ou o fazem por medo e um defeito natural de caráter, e então você deve servir-se deles, em especial dos que podem dar bons conselhos, pois, na prosperidade isso o honrará, e na adversidade não terá nada a temer. Ou, quando, ardilosamente, não se comprometem por ambição e cobiça, é sinal de que pensam mais em si mesmos do que em você. E, dos poderosos que têm ambição e cobiça, deve o Príncipe atentar e considerar como se fossem inimigos declarados, porque sempre na adversidade eles ajudarão a arruiná-lo.

Portanto, alguém que se torne Príncipe pelo favor do povo, deve mantê-lo amigo; o que é fácil, pois o povo quer apenas não ser oprimido. Mas alguém que se torna Príncipe contra o povo e com o favor dos poderosos, deve, antes de tudo, tentar conquistar o povo; o que é fácil para o Príncipe quando age de modo a protegê-lo. E porque os homens, quando recebem coisas boas daqueles que acreditam que lhes faria o mal, obrigam-se mais a seu benfeitor, tornando-se um povo mais amigo do que aquele que leva o Príncipe ao poder pelo seu favor. E o Príncipe pode conquistá-lo de várias maneiras, mas, por variarem bastante conforme a situação, não se pode dar uma regra certa, motivo pelo qual não discutiremos isso. Concluirei apenas dizendo que é necessário que um Príncipe conserve o povo como amigo, caso contrário, não encontrará remédio na adversidade.

Nábis, Príncipe dos espartanos, suportou o assédio de toda a Grécia, e de um exército romano muito vitorioso, e defendeu sua pátria e seu estado contra eles, e lhe bastou, quando em perigo, garantir-se contra poucos, o que não seria suficiente, se tivesse o povo como inimigo. E não venha alguém repudiar minha opinião com aquele conhecido provérbio que diz que quem se apoia no povo, apoia-se na lama; porque isso é verdade quando um cidadão apoia-se no povo e espera que esse povo o liberte quando ele for oprimido por inimigos ou magistrados; neste caso, sim, ele pode se ver enganado, como aconteceu em Roma com os Gracco, e em Florença com messer Giorgio Scali.

Mas sendo um Príncipe que se apoia no povo, que pode comandar e que seja um homem de coragem, não se assustará na adversidade, e se não lhe faltarem as outras precauções, mantendo com ânimo e ordem o seu povo, não será enganado por ele, e nele perceberá que estabeleceu boas fundações.

Esses principados, porém, correm perigo quando passam de um governo civil para um governo absoluto: porque esses Príncipes ou comandam por si próprios, ou por meio de magistrados. Neste último caso, o governo é mais fraco e mais perigoso, porque ele deve se fiar nos cidadãos encarregados da magistratura, que, especialmente em tempos adversos, são capazes de tomar-lhe o estado com grande facilidade, ou contrariando suas ordens, ou não lhe obedecendo. E o príncipe, nos momentos de perigo, não terá tempo de assumir autoridade absoluta, porque os cidadãos e súditos, que estão acostumados a obedecer às ordens dos magistrados, não estarão, nessas circunstâncias, prontos para obedecer às suas, e haverá sempre, em tempos de dúvida, carência de pessoas em quem se possa confiar. Porque o Príncipe não pode se basear no que vê em tempos calmos, quando os cidadãos precisam do estado, porque nessa situação todos são ágeis, todos prometem e todos querem morrer por ele, quando o perigo está longe; mas em tempos adversos, quando o estado precisa dos cidadãos, poucos são encontrados.

E quanto mais perigosa é essa experiência, mais se poderá fazê-la apenas uma vez. Mas um Príncipe sábio deve pensar em uma maneira pela qual seus cidadãos sempre, e em todas as situações, tenham necessidade de si e do estado; e eles serão, então, sempre fiéis ao príncipe.

CAPÍTULO X - DA MANEIRA PELA QUAL AS FORÇAS DE TODOS OS PRINCIPADOS DEVEM SER MEDIDAS.

Convém, ao avaliar a qualidade desses principados, ter uma outra consideração: se o Príncipe tem um tal poder em seu estado, que, precisando, ele pode se defender por seus próprios meios; ou se ele sempre precisa do auxílio de outros para sua defesa. No primeiro caso, estão aqueles Príncipes que, por abundância de homens ou de dinheiro, conseguem montar um exército forte e resistir a todo ataque. No segundo caso, estão os Príncipes que sempre precisam da ajuda dos outros, e que não podem enfrentar os inimigos em campo aberto, mas precisam se refugiar dentro de seus muros a fim de se defender. Do primeiro caso já falamos e, no futuro, agregaremos o que for necessário. Do segundo caso, não se pode dizer nada senão que esses Príncipes devem se armar e fortificar suas terras, e não ter em conta o restante. E aquele que tiver suas terras bem fortificadas, e que tenha governado seus súditos como já se falou - e mais ainda será dito - sempre será atacado com grande respeito; porque os homens são avessos aos ataques em que existem dificuldades; e não se pode ver facilidade no ataque a quem tenha sua própria terra fortificada e que não seja odiado pelo povo.

> *"Porque os homens são avessos aos ataques em que existem dificuldades; e não se pode ver facilidade no ataque a quem tenha sua própria terra fortificada e que não seja odiado pelo povo."*

As cidades de Alemanha são bastante livres, têm pouco território e obedecem ao imperador quando querem, não temendo nem a este, nem a qualquer outro poderoso que as rodeiam, porque são fortificadas, e qualquer um deve pensar o quão tedioso e difícil deve ser a sua conquista, porque todas têm fossos e muros adequados, artilharia suficiente, e sempre mantém em seus armazéns públicos o suficiente para comer, beber, e queimar combustível por um ano. Além disso, para que os mais pobres nunca passem fome, estas cidades sempre têm a possibilidade, sem prejuízo aos interesses públicos, de lhes dar trabalho, por um ano, em atividades vitais e na fabricação de alimentos. Eles ainda mantêm exercícios militares regulares e devidamente regulamentados, dando-lhes grande importância. Um Príncipe que tenha uma cidade fortificada e que não se deixe ser odiado, não poderá ser atacado; e se o fosse, quem o atacasse partiria com vergonha, pois, sendo as coisas do mundo tão variáveis, é quase impossível que alguém, para assediá-lo, possa esperar um ano com o seu exército ocioso. A quem argumentasse que, se o povo tiver sua propriedade fora da cidade, e vendo-a queimar, não terá paciência para esperar, e o longo cerco e a piedade de si mesmo o farão esquecer o príncipe; respondo que um Príncipe forte e corajoso sempre superará essas dificuldades, ora dando esperança aos súditos de que o mal não perdurará por muito tempo, ora incutindo medo da crueldade do inimigo, ora assegurando-se com destreza daqueles que lhe parecem muito resistentes.

> *"Um Príncipe forte e corajoso sempre superará essas dificuldades, ora dando esperança aos súditos de que o mal não perdurará por muito tempo, ora incutindo medo da crueldade do inimigo, ora assegurando-se com destreza daqueles que lhe parecem muito resistentes."*

Além disso, o inimigo deve queimar e arruinar o país já na sua chegada, e nos momentos em que o ânimo do povo ainda está quente e disposto a se defender; por isso, o Príncipe não deve hesitar, porque depois de alguns dias os ânimos se esfriam, os danos são causados, os males sofridos e não há mais remédio. Então, tanto mais o povo vai se unir ao príncipe, parecendo que este tem obrigação para com os súditos, já que estes tiveram seus lares e bens destruídos na sua defesa. E a natureza dos homens é assim, obrigando-se tanto pelos benefícios que se fazem, quanto pelos que se recebem.

> *"E a natureza dos homens é assim, obrigando-se tanto pelos benefícios que se fazem, quanto pelos que se recebem."*

Portanto, considerando-se todos os cuidados, não deve ser difícil para um Príncipe prudente conservar firmes, antes e depois do cerco, os ânimos dos cidadãos, desde que não faltem nem alimentos, nem meios de defesa.

Resta-nos somente, agora, falar dos principados eclesiásticos, sobre os quais todas as dificuldades existem antes que os possuam; porque são conquistados ou pela competência, ou pela sorte, e sem ambas são mantidos, porque são sustentados pela ordem religiosa há muito tempo estabelecida, a qual é todo-poderosa e de qualidade, e que mantêm seus Príncipes no poder, não importa como eles procedam e vivam. Somente esses Príncipes possuem estados e não os defendem, possuem súditos e não governam. E os estados, por serem indefesos, não lhes são tomados; e seus súditos, por não serem governados, não se preocupam, nem pensam e nem têm condições de se separar deles. Somente esses principados, portanto, são seguros e felizes. Mas, sendo estes principados sustentados por poderes superiores, aos quais a mente humana não pode alcançar, deixarei de falar a seu respeito, porque, sendo exaltados e mantidos por Deus, seria ato de um homem presunçoso e imprudente discuti-los.

> *"Mas, sendo estes principados sustentados por poderes superiores, aos quais a mente humana não pode alcançar, deixarei de falar a seu respeito, porque, sendo exaltados e mantidos por Deus, seria ato de um homem presunçoso e imprudente discuti-los."*

No entanto, se alguém me perguntasse de onde a Igreja, ao longo do tempo, chegou a tanta grandeza, haja vista que os poderosos italianos (e não apenas aqueles que são chamados de poderosos, mas qualquer Barão e senhor, ainda que sem muita importância), antes de Alexandre VI, pouco valor davam ao poder da igreja; e, agora, um Rei da França treme diante dele, que o expulsou da Itália e arruinou os venezianos; por isso, apontaria fatos que, mesmo que conhecidos, não me parece supérfluo trazê-los de novo à memória.

Antes que Carlos VIII, Rei da França, invadisse a Itália, ela estava sob o domínio do papa, dos venezianos, do Rei de Nápoles, do Duque de Milão, e dos florentinos. Esses governos tinham que ter dois cuidados principais: um, que um estrangeiro não entrasse na Itália com armas; e outro, que nenhum deles ocupasse mais estados. Aqueles a quem mais se devia ter cuidado eram o Papa e os venezianos. Para deter os venezianos, foi necessária a união de todos os outros, como aconteceu na defesa de Ferrara; e, para conter o papa, serviram-se dos Barões de Roma, que, divididos em duas facções, Orsini e Colonnesi, sempre em disputa, e com armas em punho diante dos olhos do pontífice, mantinham o seu pontificado fraco e inseguro. Se bem que, às vezes, surgisse um Papa corajoso, como Sisto IV; porém a sua sorte ou seu conhecimento nunca puderam isentá-lo desses inconvenientes. E a brevidade da vida dos pontífices era a razão disso, pois, o pontificado de um Papa que, em média, era de dez anos permitia, com dificuldade, enfraquecer apenas uma das facções. E se, por exemplo, um Papa conseguia enfraquecer os Colonnesi, surgia outro, inimigo dos Orsini, que fazia ressurgir os Colonnesi, sem tempo, porém, de destruir os Orsini. Essa era a razão pela qual o poder do Papa era pouco considerado na Itália.

Surgiu depois Alexandre VI, um dos maiores pontífices que já existiu, e que mostrou o quanto um papa, com dinheiro e tropas, poderia fazer para aumentar seu poder; e fez isso utilizando-se do duque Valentino, com a oportunidade da invasão dos franceses, e todas as coisas que, antes, já narrei sobre as ações do duque. E, embora a intenção do Papa não fosse tornar a Igreja grande, mas, sim, o duque; ainda assim o que ele fez contribuiu para a grandeza da Igreja, que, após sua morte e a ruína do duque, foi herdeira de sua obra.

O papa Júlio II chegou mais tarde e encontrou a Igreja grandiosa, possuindo toda a Romanha, com todos os Barões de Roma extintos, e (pelas perseguições de Alexandre VI) aquelas facções exterminadas; de tal modo que achou um caminho aberto para acumular riquezas, como nunca havia sido feito antes de Alexandre VI. Coisa que Júlio não apenas continuou fazendo, como adicionou outro tanto: pensou em conquistar Bolonha, extinguir os venezianos, e expulsar os franceses da Itália; e todas essas conquistas tiveram êxito. E mais dignas de elogios foram, pelo fato de que tais conquistas contribuíram para a grandeza da igreja, e não de uma pessoa específica. Ele ainda manteve as facções dos Orsini e Colonnesi nos limites em que ele as encontrou; e embora houvesse alguns líderes entre eles capazes de algum distúrbio, duas coisas os mantiveram sob controle: uma, a grandeza da Igreja, que os amedrontava; e outra, o fato de que eles não tinham os seus Cardeais, que são a causa de tumultos entre eles; pois estas facções nunca ficarão quietas se houver Cardeais ao seu lado, porque incitam os partidos dentro e fora de Roma, e os Barões são forçados a defendê-los; e assim, da ambição dos Cardeais, surgem divergências e tumultos entre os barões.

> *"E assim, da ambição dos Cardeais, surgem divergências e tumultos entre os barões."*

Sua santidade, o papa Leão X, encontrou o pontificado muito poderoso, do qual se espera que, assim como os outros o fizeram grande com armas, ele o faça, com sua bondade e outras infinitas virtudes, ainda maior e venerado.

CAPÍTULO XII - DE QUANTOS TIPOS SÃO OS EXÉRCITOS, E DOS MERCENÁRIOS

Tendo apresentado todos os tipos de principados, o que foi, a princípio, o objetivo, e, consideradas, em determinados pontos, as causas de seus sucessos ou infortúnios, demonstrando os meios pelos quais muitos tentaram conquistá-los e mantê-los, agora, resta-me discutir os meios de ataques e defesas, em geral, que neles podem ser necessários. Dissemos, anteriormente, porque é necessário a um Príncipe estabelecer uma base sólida, pois, do contrário, encontrará sua ruína. As principais fundações que todos os estados têm, tanto os novos quanto os antigos, ou ainda os mistos, são boas leis e bons exércitos.

> *"As principais fundações que todos os estados têm, tanto os novos quanto os antigos, ou ainda os mistos, são boas leis e bons exércitos."*

E porque não pode haver boas leis onde não existem bons exércitos, e onde existem bons exércitos, deve haver boas leis, deixarei de lado as leis, e falarei dos exércitos. Digo, portanto, que os exércitos com os quais um Príncipe defende seu estado são seus, ou mercenários, ou auxiliares, ou mistos.

Exércitos mercenários e auxiliares são inúteis e perigosos; e se alguém mantiver seu estado fundado neles, ele nunca ficará estável ou seguro, porque esses exércitos são desunidos, ambiciosos, sem disciplina, infiéis; corajosos perante os amigos, covardes perante os inimigos; não temem a Deus, não têm fé nos homens; e tanto se adia a ruína, quanto se adia o ataque; e, na paz será roubado por eles, enquanto, na guerra, pelos inimigos. A razão para isso é que eles não têm outro interesse, nem qualquer outro motivo que os mantenham em campo, além de um pequeno salário, que não é suficiente para fazer alguém querer morrer pelo príncipe. Eles adoram ser soldados do príncipe, enquanto este não está em guerra; mas, quando a guerra chega, ou fogem ou se afastam. O que me exige pouco esforço para explicar, porque a ruína da Itália não é causada por outra coisa senão ter confiado, durante muitos anos, em exércitos mercenários; os quais até fizeram algum progresso para alguns, e pareciam valorosos quando lutavam entre si, mas quando o estrangeiro apareceu, eles mostraram o que realmente eram. Como é que foi permitido ao rei Carlos VIII, da França, tomar a Itália com tanta facilidade? Aqueles que diziam que foi culpa nossa, falaram a verdade. Mas não foram os erros que eles imaginaram, mas, sim, aqueles que narrei; e porque eles eram erros de príncipes, eles mesmos sofreram as consequências.

Quero, então, demonstrar melhor a má qualidade desses exércitos. Quanto aos capitães mercenários, eles ou são competentes, ou não; se eles o são, você não poderá confiar neles, porque eles sempre aspiram à sua própria grandeza, ou voltando-se contra você, já que você é o seu senhor, ou oprimindo outros contra sua vontade. Por outro lado, se não forem capitães competentes, por isso mesmo, é esperado que levem um Príncipe à ruína.

> *"Quanto aos capitães mercenários, eles ou são competentes, ou não; se eles o são, você não poderá confiar neles, porque eles sempre aspiram à sua própria grandeza, por outro lado, se não forem capitães competentes, por isso mesmo, é esperado que levem um Príncipe à ruína."*

E se você disser que, quem quer que tenha a arma na mão, agirá dessa forma, mercenário ou não; eu responderia que os exércitos devem ser liderados por um Príncipe ou por uma república; no primeiro caso, o Príncipe deve, pessoalmente, exercer a função de capitão. No caso da República, esta deve escolher um dentre os seus próprios cidadãos; e quando enviar alguém que não tenha competência para ser capitão, deve, logo, mudá-lo; mas, se este for competente, deve mantê-lo sob leis que não o deixem exceder sua função. E, por experiência, vemos apenas os príncipes, agindo por si mesmos, e as repúblicas armadas fazendo grandes progressos, enquanto os exércitos mercenários não causam mais do que danos. Além do que, mais dificilmente uma república armada com exércitos próprios passará a ser subjugada por um de seus cidadãos, do que uma república apoiada por um exército de fora. Roma e Esparta estiveram durante muitos séculos armadas e livres. Os suíços são altamente armados e muito livres.

Dos exércitos mercenários antigos, por exemplo, existem os cartagineses, que foram oprimidos por seus soldados mercenários, após a primeira guerra com os romanos, ainda que os cartagineses tivessem seus próprios cidadãos exercendo a função de capitães. Filipe II da Macedônia foi feito capitão de seu povo pelos tebanos, após a morte de Epaminondas, e, depois da vitória, tirou-lhes a liberdade. Os milaneses, depois da morte do duque Filippo, contrataram Francisco Sforza para combater os venezianos, o qual, depois de vencê-los na batalha de Caravaggio, juntou-se a eles para oprimir seus patrões milaneses. O pai desse mesmo Sforza, sendo soldado da rainha Giovanna de Nápoles, abandonou-a, deixando-a desarmada, de modo que, para não perder o reino, foi forçada a se jogar no colo do rei de Aragão.

E, se os venezianos e florentinos, no passado, estenderam seus domínios com exércitos mercenários, e seus capitães não se tornaram príncipes, mas apenas os defenderam; eu digo que os florentinos, neste caso, foram favorecidos pela sorte. Porque, em relação aos capitães virtuosos a quem podiam temer, alguns não venceram, alguns tiveram que lutar contra rivais, e outros voltaram sua ambição para outro lugar. O que não venceu foi Giovanni Acuto, o qual, justamente por não ter vencido, não se pôde conhecer a fidelidade; mas todos hão de reconhecer que, se houvesse vencido, os florentinos estariam em suas mãos. Francisco Sforza sempre teve contra si os bracceschi, de tal modo que se vigiavam uns aos outros. Francisco Sforza voltou sua ambição para a Lombardia; e Braccio, contra a Igreja e o reino de Nápoles. Mas, vamos ao que se seguiu há pouco tempo.

Os florentinos fizeram Paolo Vitelli seu capitão, um homem muito prudente e que, de cidadão comum, alcançou grande reputação. Se ele tivesse conquistado Pisa, todos concordariam que seria conveniente aos florentinos se submeterem a ele; porque, se ele se tornasse um soldado de seus inimigos, eles não teriam remédio e, tendo-o ao seu lado, bastava que lhe obedecessem. Os venezianos, se considerarmos seus progressos, veremos que eles trabalhavam segura e gloriosamente, com os Senhores e o povo armado, enquanto travavam as guerras a seu modo, antes de voltarem sua atenção para as conquistas em terra. Mas, quando começaram a lutar em terra firme, deixaram essa competência de lado e começaram a seguir os costumes de guerra dos italianos. E no início de sua expansão em terra, por não possuírem um estado grande, e por terem grande reputação, eles não tinham muito a temer de seus capitães. Mas, quando se expandiram, o que ocorreu sob o comando de Carmignuola, eles tiveram uma prova desse erro; porque, vendo-o vencedor, tendo ele derrotado o Duque de Milão, perceberam que estava esfriando seu ânimo para outras batalhas. Eles julgaram, então, que não poderiam mais ganhar com ele, porém, não queriam, nem poderiam dispensá-lo, para não perder o que já tinham conquistado; sendo assim, por segurança, tiveram que matá-lo.

Tiveram, depois, como seus capitães, Bartolomeo de Bergamo, Roberto de San Severino, o conde de Pitigliano, e outros semelhantes, com os quais eles tinham que temer suas derrotas, não suas vitórias; como mais tarde aconteceu em Vailà, quando, em um dia, eles perderam o que haviam conquistado em oitocentos anos, com tanto esforço. Porque, dos exércitos mercenários vem somente lentas, tardias e medíocres conquistas; mas, rápidas e extraordinárias derrotas.

"Dos exércitos mercenários vem somente lentas, tardias e medíocres conquistas; mas, rápidas e extraordinárias derrotas."

E porque trouxe esses exemplos da Itália, dominada há muitos anos por exércitos mercenários, quero falar sob um aspecto mais geral, para que, dada sua origem e desenvolvimento, possa-se melhor corrigir o erro de seu uso. Você precisa entender como, nesses últimos tempos, o império começou a ser rejeitado na Itália, que o Papa passou a ter mais poder, e a Itália foi dividida em vários estados. Porque muitas das grandes cidades pegaram em armas contra os nobres e poderosos que as subjugavam, favorecidos que eram pelo imperador; e a Igreja apoiou-as para ganhar mais reputação; assim, muitos de seus cidadãos se tornaram príncipes. Dessa forma, a Itália ficou praticamente toda nas mãos da Igreja e de algumas repúblicas; e, como nem os sacerdotes da igreja, nem os outros cidadãos estavam habituados a pegar em armas, começaram a contratar mercenários estrangeiros. O primeiro que criou fama em exércitos mercenários foi Alberico de Conio, da Romanha. Seguindo este, entre outros, houve Braccio e Sforza que, em sua época, foram Senhores na Itália. Depois desses vieram todos os outros que têm comandado esses exércitos até os nossos dias; e as consequências disso é que a Itália foi invadida por Carlos VIII, saqueada por Luís XII, constrangida por Fernando de Aragão, e ultrajada pelos suíços.

A regra que esses capitães mercenários adotavam era, primeiro, dar reputação a si próprios, tirando a reputação da infantaria. Eles faziam isso porque, sendo apátridas e mercenários, se tivessem um exército de poucos soldados de infantaria, não conseguiriam fama, se tivessem muitos, não conseguiriam alimentá-los; sendo assim, eles foram levados a usar cavalaria, pois, mesmo que em número moderado, teriam condições de alimentá-la e, ainda, obter fama. E assim foi que, em um exército de vinte mil homens, não havia mais que dois mil soldados da infantaria. Além disso, eles usaram todos os meios para afastar o cansaço e o medo de si mesmos e dos soldados, não se matando em batalhas, e fazendo-se prisioneiros uns aos outros e libertando-se sem pedido de resgate. Eles não atacavam as cidades à noite, e os que defendiam as cidades, não atacavam os sitiantes à noite. Não montavam barreiras, nem cavavam valas, e, também, não atacavam no inverno. E todas essas coisas foram permitidas em suas regras militares, encontradas por eles, como foi dito, para escapar da fadiga e dos perigos; de tal modo que levaram a Itália à escravidão e à desonra.

CAPÍTULO XIII - DOS EXÉRCITOS AUXILIARES, MISTOS E PRÓPRIOS

Os exércitos auxiliares, também inúteis, são aqueles que se obtêm quando se pede a alguém poderoso que, com seu exército, venha ajudá-lo e defendê-lo. Como aconteceu recentemente com o Papa Júlio II que, tendo tido na campanha contra Ferrara uma triste prova da ineficiência dos mercenários, apelou para um exército auxiliar, solicitando a ajuda do rei Fernando II, da Espanha, através do apoio de seu exército. Os exércitos dos outros podem ser úteis e bons para eles mesmos, mas são, para aqueles que os solicitam, quase sempre prejudiciais, porque, ao perder, você fica arruinado, ao ganhar, você fica refém deles.

> *"Os exércitos dos outros podem ser úteis e bons para eles mesmos, mas são, para aqueles que os solicitam, quase sempre prejudiciais, porque, ao perder, você fica arruinado, ao ganhar, você fica refém deles."*

E ainda que, desses exemplos, as histórias antigas estejam cheias; não quero abandonar o exemplo do papa Júlio II, que ainda é recente, cuja decisão de se colocar inteiramente nas mãos de um estrangeiro, apenas por querer Ferrara, não pode ser considerada prudente. Mas a sua boa sorte fez surgir uma terceira circunstância, para que ele não colhesse o fruto de sua má decisão; porque, tendo sido seus auxiliares derrotados em Ravena, e tendo surgido os suíços que, contra as expectativas do Papa e de outros, expulsaram os vencedores; Júlio, então, não ficou nem prisioneiro dos inimigos, por terem sido expulsos, nem de seus auxiliares, por terem vencido com outras forças que não as suas.

Os florentinos, estando completamente desarmados, levaram dez mil franceses a Pisa para conquistá-la; e fazendo isso se expuseram a mais perigo do que em qualquer outra situação pela qual tenham passado. O imperador de Constantinopla, para se opor aos seus vizinhos, colocou dez mil turcos na Grécia, os quais, após a guerra, não quiseram mais sair; o que deu início à submissão da Grécia a esses infiéis. Portanto, aquele que não quiser vencer, que se valha desses exércitos, porque são muito mais perigosos do que os mercenários; porque nos auxiliares a ruína é certa, pois todos são unidos, e todos são voltados para a obediência de outros. Mas, os exércitos mercenários, para prejudicá-lo após uma vitória, precisam de mais tempo e mais oportunidade, não apenas porque não são tão unidos, como pelo fato de que foram recrutados e pagos por você; e alguém que você fez ser chefe, não pode assumir, rapidamente, tanta autoridade que o prejudique. Em resumo, nos exércitos mercenários o mais perigoso é a apatia, nos auxiliares, a ousadia.

"Nos exércitos mercenários o mais perigoso é a apatia, nos auxiliares, a ousadia."

Um Príncipe sábio, portanto, sempre evita esses exércitos. Um Príncipe sábio prefere formar e utilizar os seus próprios exércitos; e prefere perder com seu próprio exército, do que vencer com o dos outros; pois não é, de fato, uma vitória, aquela conquistada com exércitos de outros.

"Um Príncipe sábio prefere formar e utilizar os seus próprios exércitos; e prefere perder com seu próprio exército, do que vencer com o dos outros; pois não é, de fato, uma vitória, aquela conquistada com exércitos de outros."

Jamais hesitarei em citar César Bórgia e suas ações. Este Duque entrou na Romanha com exércitos auxiliares, conduzindo soldados franceses, com os quais conquistou Imola e Forli; mas, como não lhes pareciam tropas tão seguras, ele se voltou para os exércitos mercenários, julgando-os menos perigosos, e contratou Orsini e Vitelli; porém, ao lidar com eles, considerou-os duvidosos, infiéis e perigosos, dispensando-os e voltando-se para exércitos próprios. E se pode ver facilmente a diferença entre um e outro exército, considerando a diferença de reputação do Duque quando tinha somente os franceses ou quando ele estava com o Orsini e o Vitelli, em relação à quando ele tinha seus próprios soldados, sob seu próprio comando, e se verá que era muito maior; pois ele nunca foi muito estimado, exceto quando todos viram que ele tinha suas próprias tropas.

Eu não gostaria de deixar de falar nos exemplos italianos mais recentes, porém, não quero deixar de lembrar de Hierão de Siracusa, sendo uma figura já mencionada, antes, por mim. Ele, como eu já disse, foi feito líder dos exércitos de Siracusa, e logo percebeu que os exércitos mercenários não seriam úteis, por serem seus líderes tal e qual os nossos mercenários italianos; e, sentindo que não podia nem os manter, nem os deixar ir, fez com que fossem cortados em pedaços; a partir daí, guerreou com seu próprio exército, e não com o dos outros. Eu ainda quero trazer à lembrança uma figura do Antigo Testamento, referente a este assunto.

Davi ofereceu-se a Saul, para ir lutar contra Golias (o desafiante filisteu); e Saul, para lhe dar ânimo, ofereceu-lhe a armadura real, a qual foi recusada por Davi, logo após vesti-la, dizendo que, com aquelas armas, ele não poderia fazer bom uso de sua própria força; por isso, ele queria encontrar o inimigo com suas próprias armas: sua funda e sua faca. Em suma, as armas dos outros ou falham, ou o sobrecarregam, ou o limitam.

> **"As armas dos outros ou falham, ou o**
> **sobrecarregam, ou o limitam."**

Carlos VII, pai do rei Luís XI, tendo, com sorte e competência, libertado a França dos ingleses, entendeu essa necessidade de se armar com suas próprias forças e estabeleceu serviço militar obrigatório, durante seu reinado. Então seu filho, o rei Luís XI, extinguiu a infantaria e começou a lutar contratando o serviço dos suíços; cujo erro seguido de outros é, como agora vemos, a causa dos perigos daquele reino. Porque, tendo dado prestígio aos suíços, ele menosprezou todo seu exército, extinguindo a infantaria e obrigando seus soldados a se subordinarem aos suíços. E, uma vez acostumados a lutar sob o comando dos suíços, não pareciam mais ser capazes de vencer sem eles.

Daí decorre que os franceses não se sentiram fortes para combater os suíços, nem fortes para combater os outros, sem a ajuda dos suíços. Os exércitos da França eram, portanto, mistos, compostos de mercenários e de soldados próprios; sendo muito melhores do que simples mercenários ou simples auxiliares, mas muito inferiores aos exércitos próprios. E o exemplo dado é suficiente, porque o reino da França seria imbatível se a estratégia militar do rei Carlos VII tivesse sido desenvolvida ou conservada. Mas a pouca prudência dos homens faz com que façam coisas que, parecendo boas, escondem o veneno que têm, como acabei de relatar, e que se instala tal qual uma grave doença.

"A pouca prudência dos homens faz com que façam coisas que, parecendo boas, escondem o veneno que têm."

Portanto, se aquele que, num principado, não reconhecer os males na sua origem, não é verdadeiramente sábio; e a sabedoria é dada a uns poucos.

"Se aquele que, num principado, não reconhecer os males na sua origem, não é verdadeiramente sábio; e a sabedoria é dada a uns poucos."

E, se considerarmos o início da decadência do império romano, poderemos ver que se iniciou porque começaram a contratar os godos para seu exército, e, a partir daí, as forças do império romano começaram a enfraquecer; e todo seu valor, foi dado a eles.

Concluo, portanto, que, sem ter seu próprio exército, nenhum principado está seguro; e, na verdade, tudo dependerá da sorte, não havendo meios confiáveis que o defenda na adversidade. É como dizem os sábios: *Quod nihil sit tam infirmum aut instabile quam fama potentiae non sua vi nixa.* *

* *Tradução desse texto em latim: "Nada é tão fraco e instável quanto a fama daquele que não se apoia nas próprias forças." (Nota do Tradutor)*

"Nada é tão fraco e instável quanto a fama daquele que não se apoia nas próprias forças."

E as próprias forças são aquelas compostas por seus súditos, cidadãos ou servos; todas as outras são mercenárias ou auxiliares. E a forma de organizar seus próprios exércitos será fácil de encontrar, considerando os exemplos que acabei de mencionar; e se virmos como se organizou Filipe, pai de Alexandre, o Grande, e tantas outras repúblicas e príncipes, veremos o tipo de organização militar a que me refiro inteiramente.

CAPÍTULO XIV - DO QUE COMPETE AO PRÍNCIPE A RESPEITO DE SEU EXÉRCITO

Um Príncipe deve, pois, não ter outro objetivo, nem outro pensamento, nem cuidar de nada que não seja da guerra, de sua organização e disciplina; porque essa é a única tarefa que se espera de quem comanda; e é tão importante que, não apenas mantém aqueles que nasceram príncipes, mas muitas vezes faz com que homens comuns sejam elevados a essa posição. E, ao contrário, vemos que quando os Príncipes pensaram mais em luxos do que em armas perderam seus estados. Então, a primeira razão que faz um Príncipe perder um estado é desprezar a arte da guerra; enquanto a razão de conquistá-lo, é ser mestre nessa arte.

> *"A primeira razão que faz um Príncipe perder um estado é desprezar a arte da guerra; enquanto a razão de conquistá-lo, é ser mestre nessa arte."*

Francisco Sforza, pelo fato de se ter armado, passou de cidadão comum a Duque de Milão; seus filhos, porém, para fugirem do trabalho e das dificuldades das armas, de duques passaram a cidadãos comuns. Porque, entre outros males que o desarmamento traz, ele o faz ser menosprezado; que é um dos descréditos dos quais um Príncipe deve se precaver, como será dito a seguir. Porque de um armado para outro desarmado não há equilíbrio; e, pela lógica, o armado nunca obedecerá ao desarmado de boa vontade; e o desarmado jamais estará seguro entre outros armados.

Porque havendo desprezo de um, e suspeita de outro, não há como, juntos, ficarem bem. Um Príncipe que não entende de exércitos e armas, além de outras infelicidades, como já dito, não poderá ser estimado por seus soldados, nem poderá confiar neles. Portanto, um Príncipe nunca deve tirar sua mente dos exercícios de guerra, e na paz deve treinar seu exército mais do que na guerra; o que pode ser feito de duas maneiras: uma com ações, outra com estudos.

E quanto às ações, além de manter as suas tropas bem-organizadas e exercitadas, deve sempre mantê-las ativas, em exercícios de campo, para acostumar o corpo à fadiga, e para conhecer a natureza das regiões próximas, e saber onde surgem os montes, onde se abrem os vales, onde se estendem as planícies, onde correm os rios, e onde estão os pântanos, e nisso ter muita atenção. Esse conhecimento é útil de duas maneiras: a primeira é que ele proporciona conhecer o seu estado e entender melhor suas defesas. A outra é que, conhecendo bem uma região, ele pode, facilmente, entender outra que precise examinar; porque os montes, vales, planícies, rios e pântanos que estão, por exemplo, na Toscana, têm certa semelhança com aqueles das outras províncias; de modo que, a partir do conhecimento da natureza de uma província, pode-se, facilmente, chegar ao conhecimento de outra. E aquele Príncipe que não tiver essa competência, falha no requisito principal de um capitão, porque isso ensina a encontrar inimigos, a tomar quartéis, a liderar tropas, a planejar batalhas, e a cercar cidades com vantagem.

Filopêmenes, Príncipe dos aqueus, entre outros elogios que os escritores lhe fizeram, é que em tempos de paz ele nunca pensava em outra coisa, senão na guerra; e quando estava no campo com amigos, muitas vezes parava e raciocinava com eles: "E se os inimigos estivessem naquela colina, e nós aqui com nosso exército, quem de nós se beneficiaria? Como se poderia atacá-los, mantendo nossa formação? Se quiséssemos nos retirar, como o faríamos? Se eles se retirassem, como deveríamos persegui-los?" E ele imaginava com seus amigos, à medida que caminhavam, todos as possibilidades que poderiam ocorrer com um exército, ouvia a opinião deles, e dizia a sua, argumentando racionalmente. De modo que, por causa dessas reflexões constantes, nenhum incidente poderia ocorrer, ao guiar os exércitos, para o qual ele não tivesse solução.

E quanto aos estudos, o Príncipe deve ler as histórias dos grandes homens, e nelas considerar suas ações, para ver como eles governaram nas guerras, e examinar as causas de suas vitórias e derrotas, para poder fugir destas e imitar aquelas. E, acima de tudo, fazer como fizeram os grandes homens do passado, que imitaram aqueles que, antes deles, foram louvados e glorificados, e ter sempre em mente seus gestos e suas ações; assim como Alexandre Magno imitou Aquiles; César, depois, imitou Alexandre, e Cipião imitou Ciro. E tudo o que se lê sobre a vida de Ciro, escrito por Xenofonte, pode ser reconhecido, mais tarde, na vida de Cipião, e o quanto aquela imitação lhe rendeu glórias; e o quanto Cipião se assemelhava em castidade, cortesia, humanidade e liberalidade a Ciro, tomando por base esses escritos de Xenofonte.

Um Príncipe sábio deve observar a semelhança com os grandes homens nas suas ações, e nunca, em tempos de paz, deve ficar ocioso, mas, sim, acumular prática, a fim de poder aproveitar-se dela nas adversidades, para que, quando sua sorte mudar, ele consiga resistir aos seus golpes.

> *"Um Príncipe sábio deve observar a semelhança com os grandes homens nas suas ações, e nunca, em tempos de paz, deve ficar ocioso, mas, sim, acumular prática, a fim de poder aproveitar-se dela nas adversidades, para que, quando sua sorte mudar, ele consiga resistir aos seus golpes."*

CAPÍTULO XV - DAS COISAS PELAS QUAIS OS HOMENS, E ESPECIALMENTE OS PRÍNCIPES, SÃO EXALTADOS OU DESPREZADOS

Agora, resta ver quais devem ser os modos e a maneira de conduzir-se de um Príncipe com seus súditos e amigos. E porque eu sei que muitos já escreveram sobre isso, eu duvido que não seja considerado presunçoso, principalmente, pelo fato de discordar do pensamento de outros nesse assunto. Mas, como minha intenção é escrever algo útil para quem esteja interessado, pareceu-me mais conveniente relatar a verdade dos fatos, do que imaginá-la: e muitos imaginaram repúblicas e principados que nunca foram vistos ou conhecidos de verdade. Porque, de fato, a maneira como se vive está muito distante da maneira como se deveria viver, e quem se preocupar com o que deveria fazer, ao invés daquilo que deve ser feito, aprende mais a arruinar-se do que a preservar-se. Porque, um homem que queira ser bom em todas as ocasiões, vai arruinar-se perante tantos que não são bons. Por isso é necessário que um Príncipe que queira se manter como tal aprenda a não ser bom, e usar isto, ou não, conforme a necessidade.

> *"Porque um homem que queira ser bom em todas as ocasiões, vai arruinar-se perante tantos que não são bons. Por isso é necessário que um Príncipe que queira se manter como tal aprenda a não ser bom, e usar isto, ou não, conforme a necessidade."*

Deixando, portanto, para trás as coisas sobre um Príncipe imaginário, e falando sobre aquilo que é verdadeiro, eu digo que todos os homens, e especialmente os príncipes, por estarem em posição de destaque, são dotados de algumas das seguintes características que lhes fazem ser desaprovados ou honrados: alguns são considerados liberais, outros, miseráveis (usando um termo toscano, porque avarento em nossa língua ainda é alguém que deseja algo à custa de roubo, e miserável chamamos aquele que evita a posse ou uso de algo), alguns são generosos, outros, gananciosos; alguns são cruéis, outros, piedosos; alguns são desleais, outros, fieis, alguns são efeminados e covardes, outros, truculentos e corajosos; alguns são humanitários, outros, orgulhosos; alguns são devassos, outros, castos; alguns são ingênuos, outros, astutos; alguns são difíceis, outros, fáceis; alguns são sérios, outros, fúteis; alguns são religiosos, outros, incrédulos, e assim por diante. Sei que cada um dirá que seria muito louvável para um Príncipe ter, das qualidades mencionadas, apenas aquelas que são consideradas boas; mas, devido à condição humana, isso não é possível. Por isso, é necessário que um Príncipe seja prudente e que saiba evitar os defeitos e vícios que possam colocar o seu governo em risco, praticando as qualidades boas, que o ajudem a conservar o estado, sempre que isto for possível; porém, não o sendo, pode-se, com menor preocupação, fazer o contrário.

"Por isso, é necessário que um Príncipe seja prudente e que saiba evitar os defeitos e vícios que possam colocar o seu governo em risco, praticando as qualidades boas, que o ajudem a conservar o estado, sempre que isto for possível; porém, não o sendo, pode-se, com menor preocupação, fazer o contrário."

Portanto, não se preocupe em incorrer na infâmia daqueles defeitos sem os quais seja difícil salvar o seu estado, porque, se pensar bem, encontrará coisas que parecem virtudes, mas que, se forem feitas, acarretarão sua ruína; e haverá outras coisas que parecem defeitos, mas, se forem feitas, resultarão na sua segurança e bem-estar.

CAPÍTULO XVI - DA LIBERALIDADE E DA MISÉRIA

Começando, então, com as primeiras qualidades mencionadas anteriormente, eu digo que seria bom ser considerado liberal. No entanto, a liberalidade praticada de tal modo que seja reconhecida por todos, irá fazer-lhe mal. Porque se a liberalidade for usada virtuosamente (como deve ser), você não será reconhecido como liberal, e não conseguirá fugir da fama de miserável. E ainda, para manter a fama de liberal, entre os homens, é necessário manter toda a espécie de suntuosidade, sendo um gastador, de modo que, agindo assim, um Príncipe consumirá todos os seus recursos.

Será necessário, então, se quiser manter a fama de liberal, sobrecarregar extraordinariamente o povo com impostos, e fazer tudo o que for possível para obter dinheiro. Isso começará a fazer você ser odiado pelos seus súditos, além de pouco estimado por ter se tornado pobre. De modo que, tendo prejudicado a muitos com sua liberalidade, e recompensado a poucos, será abalado pelas menores dificuldades e sofrerá com qualquer perigo; e, querendo corrigir-se e controlar seus gastos, logo incorrerá na fama de miserável.

> *"De modo que, tendo prejudicado a muitos com sua liberalidade, e recompensado a poucos, será abalado pelas menores dificuldades e sofrerá com qualquer perigo; e, querendo corrigir-se e controlar seus gastos, logo incorrerá na fama de miserável."*

Um príncipe, portanto, não podendo praticar a virtude de liberal, de modo a ser reconhecido por isso sem se prejudicar, deve, se for prudente, não se importar com a fama de miserável; pois, agindo moderadamente, a sua renda lhe bastará, poderá defender-se dos que lhe atacam, e poderá fazer negócios sem sobrecarregar o povo;

e, com o passar do tempo, o povo acabará reconhecendo esse
príncipe, não como miserável, mas (cada vez mais) como liberal.
Assim, parecerá liberal com aqueles a quem não explora, que são
muitos, e miserável com aqueles a quem não dá, que são poucos.
Em nossa época, não vimos grandes realizações feitas, senão por
aqueles conhecidos como miseráveis; os demais arruinaram-se.

> *"Assim, parecerá liberal com aqueles a quem não explora, que são muitos, e miserável com aqueles a quem não dá, que são poucos. Em nossa época, não vimos grandes realizações feitas, senão por aqueles conhecidos como miseráveis; os demais arruinaram-se."*

O papa Júlio II, apesar de ter se servido da fama de liberal para
chegar ao papado, não pensou, depois, em mantê-la; assim, teve
recursos para poder fazer guerra ao Rei da França, e pôde se
empenhar em muitas outras batalhas sem precisar criar qualquer
imposto extraordinário, porque soube evitar as despesas supérfluas,
usando de moderação. O atual Rei da Espanha*, se fosse
considerado liberal, não teria realizado, nem vencido, tantas
batalhas. Portanto, um Príncipe deve gastar pouco e não deve se
importar em ser considerado miserável, para que, depois, não tenha
que roubar seus súditos para poder se defender, para não ficar pobre
e desprezado, e para não ser forçado a se tornar desesperado por
recursos; porque a miséria é um daqueles defeitos que fazem um
Príncipe poder reinar.

* Rei *Fernando II de Aragão (Nota do Tradutor)*

E se alguém disser que César chegou ao império sendo liberal, e
muitos outros, por terem sido e reconhecidos como liberais também
chegaram a posições muito elevadas; eu respondo: ou você já é um
Príncipe de fato, ou está prestes a ser. No primeiro caso, como já
vimos, essa liberalidade é prejudicial; no segundo, é bem necessário
ser considerado liberal. E César era um dos que queria chegar ao

principado de Roma; mas, se depois de chegar ao poder não tivesse controlado seus gastos, ele teria destruído aquele império.

E se alguém disser que muitos outros foram príncipes, e com seus exércitos fizeram grandes realizações, e que foram considerados muito liberais, eu respondo: ou o Príncipe gasta do seu dinheiro e dos seus súditos, ou gasta o dinheiro dos outros. No primeiro caso, deve ser moderado; no segundo, não deve deixar de agir como liberal.

Para aquele Príncipe que conduz o seu exército, pilhando, saqueando, extorquindo, e aproveita-se do que é dos outros, essa liberalidade é necessária, pois, do contrário, não seria seguido por seus soldados. E, com aquilo que não é seu, nem de seus súditos, pode ser extremamente generoso, como foram Ciro, César e Alexandre; porque gastar o que é dos outros não o prejudica, nem lhe diminui a reputação, ao contrário, aumenta-a; somente gastar o que é seu é que o prejudica. E não há nada mais autodestrutivo que a liberalidade, porque, quanto mais ela é usada, mais se perde a capacidade de usá-la, tornando-se pobre e desprezado; ou, para escapar da pobreza, ganancioso e odiado.

> *"E não há nada mais autodestrutivo que a liberalidade, porque, quanto mais ela é usada, mais se perde a capacidade de usá-la, tornando-se pobre e desprezado; ou, para escapar da pobreza, ganancioso e odiado."*

E entre todas as coisas que um Príncipe deve evitar ao máximo, é ser desprezado e odiado; e a liberalidade leva um Príncipe direto para ambas. Portanto, é mais sábio manter a fama de miserável, que não leva ao ódio; do que, querendo ter fama de liberal, incorrer, depois, por necessidade, na fama de ganancioso, que o levará a ser odiado.

CAPÍTULO XVII - DA CRUELDADE E DA PIEDADE, E SE É MELHOR SER AMADO DO QUE TEMIDO

Continuando a falar das outras qualidades já mencionadas, eu digo que todo Príncipe deve desejar antes ser considerado piedoso do que cruel. Devo, no entanto, alertar para não usar mal essa piedade. César Bórgia foi considerado cruel, mas, apesar disso, sua crueldade reorganizou a Romanha, uniu-a e estabeleceu paz e confiança. E se analisar com cuidado, verá que ele foi muito mais piedoso do que o povo florentino, que, para escapar da fama de cruel, permitiu que Pistóia fosse destruída. Portanto, um Príncipe não deve se preocupar com a fama de cruel para manter seus súditos unidos e leais. Porque, bastando poucas ações exemplares, será mais piedoso do que aqueles que, sendo exageradamente piedosos, permitem que ocorram desordens, as quais dão origem a assassinatos e roubos; pois isto prejudica a todos, enquanto as ações específicas que vêm do Príncipe prejudicam alguns poucos.

> *"Portanto, um Príncipe não deve se preocupar com a fama de cruel para manter seus súditos unidos e leais. Porque, bastando poucas ações exemplares, será mais piedoso do que aqueles que, sendo exageradamente piedosos, permitem que ocorram desordens, as quais dão origem a assassinatos e roubos; pois isto prejudica a todos, enquanto as ações específicas que vêm do Príncipe prejudicam alguns poucos."*

E dentre todos os príncipes, será impossível aos Príncipes recém-chegados ao poder escaparem da fama de cruel, pois os novos estados estão sempre cheios de perigos. Daí o poeta Virgílio colocou na boca da rainha Didone, para desculpar a desumanidade de seu reino, por ser ele novo, as seguintes palavras:

Res dura, et regni novitas me talia cogunt
Moliri, et late fines custode tueri. *

** Tradução desse texto em latim: "A dura situação e o fato de meu reino ser novo me obriga a tal rigor e a fortificar as fronteiras." (Nota do Tradutor)*

Um Príncipe não deve ser nem ingênuo, nem precipitado, e tampouco se alarmar à toa. Um Príncipe deve agir de modo equilibrado, com prudência e humanidade, sem deixar que o excesso de confiança o torne descuidado, ou que a desconfiança o torne intolerável.

"Um Príncipe deve agir de modo equilibrado, com prudência e humanidade, sem deixar que o excesso de confiança o torne descuidado, ou que a desconfiança o torne intolerável."

Surge daí uma questão: se é melhor ser amado do que temido, ou temido do que amado. A resposta é que seria bom ser um e o outro; mas é muito difícil ser temido e amado ao mesmo tempo; nesse caso, é muito mais seguro ser temido do que amado, quando não se pode ser os dois.

"É muito difícil ser temido e amado ao mesmo tempo; nesse caso, é muito mais seguro ser temido do que amado, quando não se pode ser os dois."

Porque, em geral, pode-se dizer que os homens são ingratos, volúveis, fingidos, gananciosos, e temem o perigo; e, enquanto você lhes faz o bem, eles ficam do seu lado, dão o sangue por você, seus bens, sua vida, seus filhos; e, como eu disse, isso ocorre quando você não precisa deles, porque, havendo necessidade, eles se voltam contra você. E aquele Príncipe que confiar inteiramente na palavra, sem tomar outras precauções, arruína-se; porque as amizades que se fazem com dinheiro, e não com grandeza e nobreza de espírito, são merecidas, mas não são seguras, e não se pode contar com elas.

"As amizades que se fazem com dinheiro, e não com grandeza e nobreza de espírito, são merecidas, mas não são seguras, e não se pode contar com elas."

E os homens têm menos receio de prejudicar quem é amado do que quem é temido; porque o amor é mantido por um vínculo que se rompe quando não houver mais motivo, enquanto o temor é mantido pelo medo do castigo, que está sempre presente.

"Os homens têm menos receio de prejudicar quem é amado do que quem é temido; porque o amor é mantido por um vínculo que se rompe quando não houver mais motivo, enquanto o temor é mantido pelo medo do castigo, que está sempre presente."

No entanto, o Príncipe deve ser temido de tal modo que, se não for amado, que não seja odiado; já que se pode muito bem ser temido e não ser odiado, desde que não se apodere dos bens nem das mulheres de seus cidadãos e de seus súditos. E mesmo que seja preciso agir contra a vida de alguém, que o faça com uma justificativa adequada e uma causa conhecida. Mas, acima de tudo, abstenha-se das coisas dos outros, porque os homens esquecem a morte de seu pai mais rapidamente do que a perda de seus bens. Por outro lado, nunca faltam motivos para tomar o que não é seu, e quem começa a viver roubando, encontra facilmente motivos para tirar o que é dos outros, e, ao contrário, para tirar a vida alheia os motivos são mais raros e desaparecem mais rapidamente.

Mas, quando o Príncipe está liderando seu exército, e tem uma multidão de soldados no comando, então é absolutamente necessário não se importar com a fama de cruel, porque sem isso não se tem o exército unido, nem disposto a todas as ações. Entre as ações admiráveis de Aníbal, conta-se essa que, tendo um exército muito grande e muito variado, conduzido em batalhas em terras de outros, nunca surgiu uma divergência nem entre eles, nem contra o príncipe, tanto nas ocasiões favoráveis, quanto nas desfavoráveis. Isso não poderia surgir de outra coisa senão de sua desumana crueldade, que junto com sua competência, sempre o fez, diante de seus soldados, ser venerado e temido; e, sem isso, suas outras virtudes não seriam suficientes para ter esse efeito. E alguns escritores pouco ponderados, por um lado, admiram os seus feitos, mas, por outro, condenam aquilo que foi a causa principal desses feitos.

E para provar que é verdade que suas outras virtuosas competências não lhe bastariam, caso não tivesse usado de crueldade, pode-se lembrar o exemplo de Cipião, homem excepcional, cuja fama não ficou restrita somente à sua época, mas, estendeu-se ao longo de toda a história. Nesse exemplo, os seus exércitos na Espanha se rebelaram, fato que surgiu de sua extrema piedade, dando aos soldados mais liberdade do que seria adequado à disciplina militar, coisa que foi motivo de reprovação por parte de Fábio Mássimo no senado, chamando-o de corruptor do exército romano. O povo locrense, tendo sido arrasado por um oficial de Cipião, não foi vingado por ele, nem o abuso desse oficial foi corrigido; e tudo isso decorrente da natureza fácil de Cipião. Tanto que alguém no Senado, querendo desculpá-lo, disse que havia muitos homens aos quais era mais fácil não errar do que corrigir o erro dos outros. Com o tempo, essa natureza de Cipião teria destruído sua fama e sua glória, se ele tivesse persistido nela, mas vivendo sob as ordens do senado, essa sua qualidade danosa não apenas foi anulada, mas resultou em sua glória.

Concluo, portanto, voltando ao tema de ser temido e amado, que os homens amam de acordo com a sua própria vontade, mas, devem temer de acordo com a vontade do príncipe. E, um Príncipe sábio deve sempre basear-se no que é seu, não no que é dos outros; apenas evitando ser odiado, como já foi dito.

> *"Os homens amam de acordo com a sua própria vontade, mas, devem temer de acordo com a vontade do príncipe."*

CAPÍTULO XVIII - DE QUE MODO UM PRÍNCIPE DEVE MANTER A PALAVRA DADA

Que é louvável em um Príncipe manter a palavra dada e viver com integridade, e não com astúcia e artimanha, todos entendem. Mesmo assim, vê-se, por experiência, em nossos tempos, que os Príncipes que fizeram grandes coisas, tiveram pouco caso com a fidelidade, e souberam agir com astúcia e artimanha para manipular a cabeça dos homens e, no final, superaram aqueles que se basearam na lealdade. Você deve, portanto, saber que há duas maneiras de combater: uma com a lei, outra com a força. A primeira é dos homens, a segunda é dos animais; mas como a primeira nem sempre é suficiente, é necessário recorrer à segunda.

> *"Há duas maneiras de combater: uma com a lei, outra com a força. A primeira é dos homens, a segunda é dos animais; mas como a primeira nem sempre é suficiente, é necessário recorrer à segunda."*

Portanto, um Príncipe deve saber usar bem o que é próprio dos animais e o que é próprio dos homens. Isso foi ensinado aos Príncipes secretamente pelos escritores antigos, que escreveram como Aquiles e muitos outros daqueles antigos Príncipes foram entregues para serem educados pelo centauro Quíron, para que os tutelasse sob sua disciplina. Isso representa ter um tutor meio homem e meio animal, pois é preciso a um Príncipe saber usar uma e outra dessas metades, sendo que, uma sem a outra, não perdura.

Sendo necessário a um príncipe, portanto, saber como usar a metade animal, ele deve ter como modelos a raposa e o leão; porque o leão não se defende de armadilhas, e a raposa não se defende de lobos, por isso é preciso ser raposa para conhecer as armadilhas, e ser leão para assustar os lobos.

Aqueles que agem simplesmente como o leão, não compreendem isto. Portanto, um Príncipe prudente não pode, nem deve, manter a palavra dada quando isso se voltar contra ele, e quando as razões que o levaram a prometer se extinguirem. Se os homens fossem todos bons, esse princípio seria mau; mas, porque os homens são maus e não são fiéis a você, da mesma forma, você não precisa ser fiel a eles; e não faltarão a um Príncipe razões legítimas para mascarar a sua falta de fidelidade.

E disto podemos dar inúmeros exemplos modernos e mostrar quantos tratados de paz foram rompidos, e quantas promessas foram quebradas pela infidelidade dos príncipes; e aqueles que melhor souberam usar a raposa, tiveram mais êxito. Mas é preciso saber disfarçar bem essa natureza, e saber fingir e dissimular habilmente; pois os homens são tão simples, e cedem tanto às necessidades imediatas, que aquele que engana sempre encontrará alguém que se deixará ser enganado.

Eu não quero, dos exemplos recentes, deixar de citar um: Alexandre VI nunca fez outra coisa, nem pensou em outra coisa, senão enganar os homens, e sempre encontrou ocasião de fazê-lo. Jamais houve um homem que tivesse tanta capacidade de afirmar com convicção, e de prometer tão veementemente, mas que, depois, tão pouco cumprisse sua palavra; no entanto, suas mentiras sempre foram bem-sucedidas, porque ele conhecia bem esta arte. Portanto, em relação a todas as qualidades já mencionadas, não é necessário que um Príncipe tenha, de fato, todas as boas qualidades, mas é absolutamente necessário parecer que as têm.

"Não é necessário que um Príncipe tenha, de fato, todas as boas qualidades, mas é absolutamente necessário parecer que as têm."

Ao contrário, ousarei dizer que tê-las, e sempre observá-las, é prejudicial; mas parecer tê-las, é útil. Por exemplo: um Príncipe deve ser (realmente) e parecer piedoso, fiel, humano, religioso, íntegro; mas deve estar preparado para que, precisando, possa e saiba ser o contrário.

"Um Príncipe deve ser (realmente) e parecer piedoso, fiel, humano, religioso, íntegro; mas deve estar preparado para que, precisando, possa e saiba ser o contrário."

Deve-se compreender que um príncipe, e especialmente um Príncipe novo no poder, não pode observar todas as coisas pelas quais os homens são considerados bons, sendo frequentemente exigido, a fim de manter o seu estado e o seu governo, a agir contra a caridade, a humanidade, a religião. E, portanto, com uma mente aberta para mudar de acordo com os ventos e as variações da sorte; o Príncipe deve fazer o bem, se for possível, mas saber fazer o mal, se for preciso.

Portanto, um Príncipe deve ter muito cuidado para que nada saia de sua boca que não esteja repleto das cinco qualidades mencionadas, devendo aparentar, a quem vê-lo e ouvi-lo, ser todo piedade, todo fidelidade, todo integridade, todo humanidade, todo religião. E nada é tão necessário parecer ter do que a religiosidade; porque os homens, em geral, julgam mais pelo que veem do que pelo que tocam; porque todos são capazes de ver a aparência das coisas, mas poucos percebem o que está por trás dela. Todo mundo vê aquilo que você parece ser; poucos percebem o que você realmente é.

E esses poucos que percebem o que um Príncipe realmente é, não ousam se opor à opinião de muitos, que têm a imponência e o peso do estado a lhes defender. Nas ações de todos os homens, o que importa são os seus resultados e, especialmente, nas dos príncipes, em que não há tribunal a recorrer.

Que busque um príncipe, portanto, conquistar e conservar o estado; pois os meios sempre serão julgados honrados e elogiados por todos, porque o povo sempre se deixa levar pelas aparências e pelos resultados; e o mundo é constituído pelas multidões; e os poucos que pensarem diferente não terão lugar enquanto os muitos tiverem onde se apoiar.

Um príncipe* dos nossos tempos, que não é bom citar o nome, não prega outra coisa senão a paz e a fidelidade; mas, tanto uma quanto a outra, quando ele as tivesse observado, muitas vezes lhe teriam tirado o estado e sua reputação.

Maquiavel refere-se a Fernando II de Aragão, Rei da Espanha, que, na época em que Maquiavel escreveu o livro, certamente se ofenderia com a menção direta de seu nome aqui. (Nota do Tradutor)

CAPÍTULO XIX - DE QUE MODO EVITAR SER DESPREZADO E ODIADO

Considerando que já falei das qualidades mais importante, quero discorrer brevemente, e de modo geral, sobre as outras. Que o Príncipe pense sempre, como já foi dito em parte, de evitar as coisas pelas quais seja odiado e desprezado; e sempre que assim proceder, terá cumprido com o que lhe compete, e não encontrará perigo nos outros defeitos. Acima de tudo, o que o faz ser odiado, como eu disse, é ser ganancioso, usurpador dos bens e das mulheres de seus súditos; coisa da qual se deve abster. A maioria dos homens viverá satisfeita se não tiver seu patrimônio, nem sua honra, tomados; e você só terá que lutar contra a ambição de alguns, que de muitas maneiras, e facilmente, se poderá reprimir. O desprezo o fará ser tido como volúvel, leviano, efeminado, covarde e fraco. Um Príncipe deve se manter como um rochedo, esforçando-se para que em suas ações se reconheça grandeza, energia, intensidade, força; e que as decisões de seu governo sejam inquestionáveis, e que ninguém pense em enganá-lo, nem em mudar suas resoluções.

> *"Um Príncipe deve se manter como um rochedo, esforçando-se para que em suas ações se reconheça grandeza, energia, intensidade, força; e que as decisões de seu governo sejam inquestionáveis, e que ninguém pense em enganá-lo, nem em mudar suas resoluções."*

O Príncipe que consegue formar tal reputação sobre si mesmo é muito considerado; e, dificilmente, se conspira contra quem desfruta de bom conceito. Enquanto for tido como um grande Príncipe e reverenciado pelos seus súditos, dificilmente será atacado. Porque um Príncipe deve ter dois medos: um interno, por conta de seus súditos; o outro externo, por conta dos poderosos de fora. Destes últimos se defende com boas armas e bons amigos; e sempre que tiver boas armas, terá bons amigos; e as questões internas sempre ficarão controladas quando as do lado de fora também o estiverem, desde que não perturbadas por alguma conspiração; e mesmo quando houver perigo externo, se o Príncipe for organizado e viva da maneira que eu já aconselhei, sem perder o ânimo, saberá resistir aos impactos, como o fez Nábis, o espartano.

No que diz respeito aos súditos, quando as coisas estão controladas do lado de fora, deve-se temer que, internamente, não conspirem secretamente; do que o Príncipe estará muito seguro ao evitar ser odiado e desprezado, e mantendo o povo satisfeito com seu governo; e isso pode ser conseguido das formas que longamente já narrei. E um dos remédios mais eficazes para que um Príncipe evite as conspirações é não ser odiado ou desprezado pela grande maioria.

> *"E um dos remédios mais eficazes para que um Príncipe evite as conspirações é não ser odiado ou desprezado pela grande maioria."*

Porque quem conspira sempre acredita que a morte do Príncipe levará satisfação ao povo; mas quando ele pensar que isso poderá prejudicar o povo de algum modo, ou causar algum descontentamento, não terá ânimo para conspirar contra o príncipe; pois as dificuldades por parte dos conspiradores são infinitas. Por experiência, vê-se que houve muitas conspirações, mas poucas tiveram êxito; porque quem conspira não pode estar sozinho, nem pode estar em companhia senão daqueles que acredita estarem descontentes. Acontece que, imediatamente que o conspirador revela suas intenções a um outro descontente, isso dá ao outro uma vantagem certa, ao passo que, aquele que manifestou suas intenções, estará cheio de dúvidas e correndo perigo. Por isso, para alguém se manter fiel ao conspirador, ou será um grande amigo dele, ou um grande inimigo do príncipe. E, para resumir esse ponto, digo que do lado do conspirador não há senão o medo, o ciúme, e a suspeita de punição que o assombra; mas, da parte do príncipe, existe a grandeza do principado, as leis, os amigos e o estado que o defendem; e acrescente-se a tudo isso a simpatia popular; de tal modo que é impossível alguém ser tão imprudente para conspirar. Pois, de um modo geral, quando um conspirador tem medo antes de executar seu golpe, deverá temer novamente depois de executar seu plano, se tiver o povo como inimigo, não podendo, nesse caso, encontrar qualquer refúgio. Podemos dar inúmeros exemplos sobre esse assunto; mas vou me satisfazer com apenas um, transmitido pela memória de nossos pais.

Messer Aníbal Bentivoglio, avô do atual messer Aníbal, que era Príncipe em Bolonha, foi morto pelos Canneschi, que conspiraram contra ele, restando de sua família apenas messer Giovanni, seu filho, que ainda era criança de colo. Imediatamente após esse assassinato, o povo reagiu e matou todos os Canneschi. Isso aconteceu justamente pelo fato da família Bentivoglio ser estimada naquela época em Bolonha; e essa estima era tão grande que, não havendo alguém que pudesse suceder Aníbal naquele momento (pois seu filho Giovanni era muito pequeno), e tendo a informação de que em Florença havia um Bentivoglio (que até então era um simples filho de ferreiro), os bolonheses foram até Florença oferecer-lhe o governo de Bolonha, que foi governada por ele até que messer Giovanni atingisse a idade para poder governar. Concluo, portanto, dizendo que um Príncipe deve levar pouco em conta as conspirações quando o povo o estime; mas quando o povo for hostil e sentir ódio, ele deve temer tudo e todos.

"Um Príncipe deve levar pouco em conta as conspirações quando o povo o estime; mas quando o povo for hostil e sentir ódio, ele deve temer tudo e todos."

E os estados bem-organizados, e os Príncipes sábios, têm sempre todo o cuidado em não irritar os poderosos, e em satisfazer o povo, mantendo-o contente. Pois esta é uma das tarefas mais importantes de um príncipe. Entre os reinos bem-organizados e governados em nosso tempo está o da França, e nele há inúmeras coisas boas, das quais depende a liberdade e a segurança do rei, e a primeira é o parlamento e sua autoridade. Porque quem organizou aquele reino, conhecendo a ambição e a insolência dos poderosos, julgou que eles precisavam de um freio que os controlasse; por outro lado, conhecendo o ódio do povo contra os poderosos (por conta do medo), quis proteger-se disso, pois não queria que essa fosse uma preocupação do rei. Por isso, para evitar a reprovação dos poderosos ao favorecer o povo, e a reprovação do povo, ao favorecer os poderosos, ele nomeou um terceiro juízo, que seria aquele que, sem a participação direta do rei, controlaria os poderosos e favoreceria os mais humildes. Essa instituição do parlamento não poderia ser melhor, nem mais prudente, sendo a maior causa de segurança para o Rei e para o reino. Disto podemos extrair outra regra notável, que os Príncipes devem delegar as tarefas desagradáveis aos outros, mas, os favores devem ser concedidos pessoalmente.

"Os Príncipes devem delegar as tarefas desagradáveis aos outros, mas, os favores devem ser concedidos pessoalmente."

Mais uma vez, concluo que um Príncipe deve estimar os poderosos, mas não permitir que o povo o odeie. Talvez pareça a muitos que, considerando a vida e a morte de muitos imperadores romanos, tenha havido exemplos contrários a esta minha opinião, pelo fato de muitos destes imperadores terem vivido exemplarmente, e mostrado grandes virtudes, embora tenham perdido o império, ou tenham morrido vítimas de conspirações.

Desejando, portanto, responder a essas objeções, discutirei as qualidades de alguns imperadores, mostrando que a causa de sua ruína não é diferente do que aleguei; e vou considerar as coisas que são notáveis para o leitor, considerando as ações daqueles tempos. E bastará citar todos aqueles imperadores que se sucederam no poder, desde Marco Aurélio (o filósofo) até Maximino: que foram

Marco Aurélio e seu filho Cômodo, Pertinax, Juliano, Severo e seu filho Antonino Caracala, Macrino, Eliogabalo, Alexandre, e Massimino.

E o que deve ser notado primeiro, é que, enquanto nos outros Príncipes se tem apenas que enfrentar a ambição dos poderosos e o atrevimento do povo, os imperadores romanos tiveram uma terceira dificuldade, de ter que suportar a crueldade e a cobiça dos soldados; algo tão difícil que foi a causa da ruína de muitos. Considere que era difícil satisfazer aos soldados e ao povo; porque o povo ama a paz, e por isso ama os Príncipes moderados; mas os soldados amam o Príncipe de espírito militar, e que seja ousado, cruel e ganancioso. E era assim que os soldados queriam que o imperador agisse com o povo, para que eles pudessem multiplicar seu salário e dar vazão à toda a sua cobiça e crueldade.

Portanto, aqueles imperadores que, pela sua natureza, ou pela sua habilidade, não conseguiram criar uma reputação que permitisse manter povo e soldados sob controle, sempre foram à ruína. E a maioria deles, especialmente aqueles que chegavam ao poder, sabendo da dificuldade em conciliar esses dois interesses, voltaram-se para satisfazer aos soldados, pouco valorizando prejudicar o povo. E tal escolha era necessária; porque os príncipes, não podendo deixar de ser odiados por alguém, eles devem primeiro tentar não ser odiados pela maioria; e quando eles não conseguem isso, eles devem se esforçar para escapar ao ódio daquelas classes que, dentro dessa maioria, são as mais poderosas.

Sendo assim, aqueles imperadores, que, por terem recém-chegado ao poder, e precisando de favores extraordinários, resolveram favorecer aos soldados ao invés do povo; coisa que poderia ter sido útil para esses imperadores, ou não, conforme soubessem manter sua reputação entre eles. Dessas razões mencionadas, resultou que Marco Aurélio, Pertinax e Alexandre, sendo moderados na vida, amantes da justiça, inimigos da crueldade, humanos e piedosos, tiveram, com exceção de Marco Aurélio; um triste fim. Marco Aurélio; viveu e morreu muito honrado, porque assumiu o império por herança, e não ficou devendo favor nem aos soldados, nem ao povo. Além disso, tendo muitas virtudes, era muito venerado, e sempre conseguiu manter tanto os soldados, quanto o povo, dentro de seus limites, enquanto viveu, e nunca foi odiado ou desprezado. Mas, Pertinax foi feito imperador contra a vontade dos soldados, que, acostumados a viver de forma desregrada no império de Cômodo, não podiam suportar aquela forma honesta de viver que Pertinax queria lhes impor; portanto, tendo provocado o ódio, e a este ódio adicionado o desprezo por ser velho, arruinou, desde o início, a sua administração. Portanto, deve-se notar que o ódio pode ser adquirido tanto pelas boas, quanto pelas más ações.

> ***"Deve-se notar que o ódio pode ser adquirido tanto pelas boas, quanto pelas más ações."***

Porém, como eu disse antes, se um Príncipe deseja manter seu estado, ele frequentemente é forçado a não ser bom; porque quando uma determinada classe sobre a qual se apoia é corrupta - seja o povo, os soldados, ou os poderosos - ele deve se amoldar a ela; e, nesse caso, as boas ações são prejudiciais ao príncipe.

Mas vamos a Alexandre, que era de tal bondade, que entre outros elogios que lhe são atribuídos, é que, em quatorze anos em que governou, ninguém jamais foi morto sem um julgamento; no entanto, sendo considerado afeminado, e um homem que se permitiu ser dominado por sua mãe, acabou por ser desprezado: aí o exército conspirou contra ele e o matou.

Agora, discutindo sobre as qualidades opostas de Cômodo, Severo, Antonino Caracala e Maximino, você os achará bastante cruéis e gananciosos, pois, para satisfazer os soldados, cometeram todo tipo de atrocidades contra o povo; e todos, exceto Severo, tiveram um triste fim. Porque, em Severo, havia tanta competência que, mantendo os soldados amigos, ainda que o povo fosse oprimido, ele pode sempre reinar feliz; porque aquelas suas virtudes o faziam ser admirado pelos soldados e pelo povo, tanto que estes ficavam de certo modo atônitos e espantados, e os primeiros, respeitosos e satisfeitos. E como suas ações foram notáveis para um Príncipe novo, quero mostrar brevemente o quão bem ele soube usar a natureza da raposa e do leão; coisa que já disse, é necessário que um Príncipe saiba imitar.

Severo, sabendo da pouca energia do imperador Juliano, convenceu seu exército, do qual era capitão na Eslavônia, de que era bom ir a Roma para vingar a morte de Pertinax, assassinado pela guarda imperial, e com esse argumento, sem mostrar suas aspirações ao império, moveu o exército contra Roma, e chegou à Itália antes que soubessem de que tinha partido. Chegando a Roma, o senado, por temor, matou Juliano e elegeu Severo como imperador. Depois disso, Severo tinha ainda dois obstáculos para assegurar o império: um na Ásia, onde Nigro, chefe dos exércitos asiáticos, se autodenominava imperador; o outro, a oeste, por conta de Albino, que ainda aspirava ser imperador. E por achar que era perigoso ser inimigo dos dois, resolveu atacar Nigro e enganar Albino; a quem escreveu, dizendo ter sido eleito imperador pelo senado, e que queria compartilhar essa honraria com ele, enviando-lhe o título de César, e dizendo que, por decisão do senado, ele seria também imperador. Isso tudo foi aceito por Albino como verdade; mas, depois que Severo venceu e matou Nigro, e a situação no oriente se acalmou, retornou a Roma e queixou-se de Albino ao senado. Severo disse que, pouco valorizando os benefícios recebidos dele, Albino havia, traiçoeiramente, tentado matá-lo; e por isso era necessário castigá-lo pela sua ingratidão. Então, ele foi procurá-lo na França e lhe tirou a condição de imperador e a vida. Quem, portanto, examinar minuciosamente as ações de Severo, encontrará nelas a ferocidade do leão, e a astúcia da raposa, e verá que ele era temido e reverenciado por todos, e não odiado pelos seus soldados. E não se surpreenderá pelo fato de que, ainda novo, deteve tanto poder; porque sua altíssima reputação sempre o defendeu daquele ódio que o povo poderia ter desenvolvido, por conta de seus roubos.

A Eslavônia é uma região localizada no leste da atual Croácia. (Nota do Tradutor)

Mas, Antonino, seu filho, também era um grande homem, de excelentes qualidades, o que o fazia ser admirado pelo do povo, ao mesmo tempo em que os soldados eram gratos a ele, pois era um militar, muito resistente e determinado, e que desprezava toda comida requintada e outras frescuras; o que o tornou amado por todos os exércitos. No entanto, sua ferocidade e crueldade eram tão grandes e tão espantosas que, após matar grande parte do povo de Roma, e todo o de Alexandria, tornou-se odiado por todos, e começou a ser temido até por aqueles que lhe eram próximos, de modo que acabou sendo morto por um centurião, no meio de seu exército.

Deve-se notar que esse tipo de morte, consequência da ação de uma pessoa de ânimo determinado e obstinado, não pode ser evitada por um príncipe, porque qualquer um que não tema morrer pode praticá-la; mas o Príncipe não precisa ter tanto medo disso, porque é muito raro acontecer. Ele só deve ter o cuidado de não causar danos graves a qualquer um daqueles que o rodeia, e que tem a serviço no seu principado. No caso de Antonino, este havia assassinado de forma humilhante o irmão daquele centurião, e ainda o ameaçava diariamente; mas, mesmo assim, o mantinha como seu guardião: o que era extremamente arriscado e que acabou por arruiná-lo.

Mas vamos a Cômodo, a quem foi fácil obter o Império, por tê-lo herdado, sendo filho de Marco Aurélio; e bastava-lhe seguir os passos de seu pai e teria satisfeito ao povo e aos soldados. Mas, tendo um espírito cruel e brutal, e a fim de extravasar a sua ganância no povo, ele se voltou a divertir os exércitos e os tornar depravados. Por outro lado, não manteve sua dignidade, já que muitas vezes descia às arenas para combater com os gladiadores, fazendo coisas abomináveis, e não dignas da majestade imperial. Por isso, tornou-se desprezado pelos soldados, e odiado pelo povo, o que fez surgir uma conspiração contra ele, e que resultou em sua morte.

Resta narrar as qualidades de Maximino, que era um homem muito guerreiro. E estando os exércitos cansados da bondade excessiva de Alexandre, de quem já falei, quando este morreu, elegeram Maximino para o império, cujo governo não durou muito tempo; porque duas coisas o tornaram odiado e desprezado: uma, o fato de ter pastoreado ovelhas na Trácia, que o tornou desprezado (isso sendo bem conhecido e considerado uma grande desonra por todos); e a outra, que, no início de seu principado, demorou a ir para Roma tomar posse do trono imperial. E ele também ganhou uma reputação de extrema crueldade por ter, por intermédio de seus prefeitos em Roma e em outras partes do império, praticado muitas barbaridades, de modo que todo mundo o desprezou pela sua extrema crueldade, e o odiou pelo medo de sua ferocidade. Então, primeiro a África, depois o Senado com todo o povo de Roma, e toda a Itália conspirou contra ele, somando-se o seu próprio exército que, acampado em Aquileia, com dificuldade para conquistá-la, cansado de sua crueldade e, ao ver que ele tinha tantos inimigos (o que fazia temê-lo menos), acabou por matá-lo.

Não quero falar de Eliogabalo, Macrino ou Juliano, que, por serem totalmente desprezíveis, foram eliminados logo; mas chegarei à conclusão desta narrativa dizendo que os Príncipes de nossa época têm menos dificuldade em satisfazer extraordinariamente os soldados, e isto se resolve rápido, porque nenhum desses Príncipes atuais têm exércitos tão enraizados nos governos e administrações das províncias, como acontecia com os exércitos do império romano.

E se, antes, era mais necessário satisfazer aos soldados do que ao povo, isto se devia ao fato que os soldados tinham mais poder do que o povo; agora, no entanto, é mais necessário que os Príncipes (exceto o imperador turco e o sultão) satisfaçam ao povo mais do que aos soldados, porque o povo tem mais poder do que os soldados. Eu excluí o imperador turco, porque este mantém em torno de si uma infantaria de doze mil homens e uma cavalaria com quinze mil soldados, e disso depende a segurança de seu reino, por isso é necessário que ele os mantenha amigos, adiando qualquer consideração em relação ao povo. E o mesmo acontece com o reino do sultão, que, estando tudo nas mãos dos exércitos, é conveniente que ele, desconsiderando o povo, os mantenha amigos.

Há que se notar que o estado do sultão é diferente de todos os outros principados, porque é semelhante ao pontificado cristão, que não pode ser chamado nem de principado hereditário, nem de principado novo; porque os filhos do sultão morto não são herdeiros do trono, nem senhores, mas, sim, aquele que é eleito para esse posto por aqueles que têm autoridade para tal. E como essa organização é antiga, não há como dizer que seja um principado novo, porque em um sultanato, não há algumas daquelas dificuldades próprias dos estados que são novos; pois, embora o sultão seja novo no poder, as normas desse estado são antigas, e aplicadas de modo a recebê-lo como se fosse um Senhor hereditário.

Mas, voltando ao nosso assunto, digo que, quem analisar a narrativa feita, verá que o ódio ou o desprezo foram a causa da ruína daqueles imperadores mencionados, e entenderá o porquê que parte deles procedendo de uma maneira, e parte procedendo ao contrário, em qualquer uma das situações, alguns tiveram um final feliz, alguns tiveram um final triste. Pois, no caso de Pertinax e Alexandre, por serem novos no poder, foi inútil e prejudicial quererem imitar Marco Aurélio, que assumiu o poder como num principado hereditário. Da mesma forma, a Caracala, Cômodo e Maximino foi prejudicial imitar Severo, por não terem tido tanta virtude que bastasse para seguir seus passos. Portanto, um Príncipe novo não pode imitar as ações de Marco Aurélio, e nem é preciso imitar as de Severo; mas deve tirar de Severo os exemplos necessários para fundar o seu estado, e, de Marco Aurélio, aqueles exemplos que sejam úteis e notáveis para manter um estado já estabelecido e estável.

CAPÍTULO XX - DA CONSTRUÇÃO DE FORTALEZAS E DE OUTRAS COISAS QUE OS PRÍNCIPES FAZEM: SE SÃO ÚTEIS OU PREJUDICIAIS

Alguns príncipes, a fim de assegurar o estado conquistado, desarmaram seus súditos; alguns outros dividiram as terras destes; alguns outros fomentaram a inimizade entre eles; alguns outros se voltaram para conquistar a confiança dos mais desconfiados no início de seu governo; alguns construíram fortalezas; alguns as demoliram. E, embora não possa ser dado um aconselhamento específico sobre todas essas coisas, sem que se saiba os detalhes de cada situação, eu falarei, tanto quanto possível, de um modo genérico.

Nunca houve, portanto, um Príncipe novo que desarmasse seus súditos; de fato, quando os encontrava desarmados, sempre os armava. Porque, quando um Príncipe arma seus súditos, essas armas se tornam suas; aqueles que desconfiam de você, tornam-se fiéis; e aqueles que são fiéis se mantêm; e seus súditos tornam-se seus apoiadores.

> *"Porque, quando um Príncipe arma seus súditos, essas armas se tornam suas; aqueles que desconfiam de você, tornam-se fiéis; e aqueles que são fiéis se mantêm; e seus súditos tornam-se seus apoiadores."*

E como não é possível armar todos os súditos, aqueles beneficiados com as armas, ficam devedores ao príncipe, aumentando a segurança ao lidar com os outros, os quais, por não terem sido armados, desculpam-lhe, julgando haver mais motivos que o levaram a armar aqueles, por estarem sujeitos a maior perigo e maiores obrigações.

Mas, quando o Príncipe desarma os súditos, começa a ofendê-los, pois mostra que desconfia deles, ou porque os considera indignos, ou porque os considera infiéis; e ambos os pensamentos farão gerar ódio contra o príncipe.

"Mas, quando o Príncipe desarma os súditos, começa a ofendê-los, pois mostra que desconfia deles, ou porque os considera indignos, ou porque os considera infiéis; e ambos os pensamentos farão gerar ódio contra o príncipe."

E porque o Príncipe não pode ficar desarmado, precisará recorrer aos mercenários, que, conforme já falei, não são tão bons a ponto de defendê-lo de um inimigo poderoso, e de súditos desconfiados. No entanto, como eu disse, um Príncipe novo em um principado novo sempre distribuiu armas. A história está repleta desses exemplos.

Mas, quando um Príncipe conquista um novo estado, que se agrega a um estado já existente, então é necessário desarmar esse estado novo, exceto aqueles que, ao adquiri-lo, colaboraram de algum modo. Mas, com o tempo e as oportunidades, será necessário torná-los fracos e amedrontados, e organizar-se de tal forma que todas as armas de seu estado estejam com seus próprios soldados, que, no seu estado antigo, viviam ao seu lado.

Os nossos antepassados tidos como sábios, costumavam dizer que era necessário manter Pistoia dividida, e Pisa com fortalezas; e por esta razão, em algumas regiões conquistadas por eles, estimularam desavenças entre os súditos para, mais facilmente, dominá-los. Isso, naqueles tempos em que a Itália tinha uma certa estabilidade, poderia até ser bom; mas não me parece possível, hoje, dar esse conselho. Pois, não acredito que as divisões façam bem algum; ao contrário, quando o inimigo se aproxima, as cidades divididas por desavenças são perdidas imediatamente; porque a parte mais fraca sempre adere às forças externas, e a outra não é capaz de resistir.

Os venezianos, movidos, creio eu, por estas mesmas razões, estimularam as facções de guelfos e gibelinos, nas cidades sob seu domínio; e, embora nunca os deixassem derramar sangue, alimentavam suas disputas, pois, acreditavam que, ocupados com suas diferenças, não se lançariam contra eles. Coisa que, como se viu, não lhes trouxe bons resultados; porque, sendo derrotados na batalha de Vailá, boa parte dos súditos tomou coragem e tomou-lhes todo o estado. Portanto, tal método revela fraqueza do príncipe; porque, em um principado forte, tais divisões nunca serão permitidas; porque só se lucra com isso em tempos de paz, quando se pode controlar os súditos com mais facilidade; mas, quando a guerra chega, pode-se ver a fragilidade desse método.

Sem dúvida, os Príncipes tornam-se grandes quando superam as dificuldades e oposições que lhes são feitas; por isso, quando a sorte quer tornar grande um Príncipe novo, que tem uma necessidade maior de adquirir reputação do que um hereditário, põe inimigos no seu caminho para que ele tenha a oportunidade de vencê-los, e tirar proveito dessa fama. No entanto, muitos acreditam que um Príncipe sábio, quando tem a oportunidade, deve astuciosamente aproveitar-se de alguma inimizade, para que, sendo oprimido, faça sua grandeza aparecer.

Os príncipes, e especialmente aqueles que são novos, têm encontrado mais lealdade e mais utilidade naqueles homens que no início de seu estado eram considerados desconfiados, do que naqueles que no início eram considerados confiáveis. Pandolfo Petrucci, Príncipe de Siena, governou seu estado mais com os desconfiados do que com os outros. Mas sobre isso não se pode falar de modo geral, porque varia de caso a caso; então, direi apenas isto: em relação àqueles homens que no início de um principado eram inimigos, mas que precisam de apoio para manter suas posições, o Príncipe sempre poderá conquistá-los com grande facilidade; pois eles se empenharão a servi-lo com lealdade, sabendo que será necessário, com suas ações, apagar a opinião que o Príncipe tinha deles.

> *"Em relação àqueles homens que no início de um principado eram inimigos, mas que precisam de apoio para manter suas posições, o Príncipe sempre poderá conquistá-los com grande facilidade; pois eles se empenharão a servi-lo com lealdade, sabendo que será necessário, com suas ações, apagar a opinião que o Príncipe tinha deles."*

Assim, o Príncipe tira mais benefícios dos que eram inicialmente adversários, do que daqueles que, sentindo-se muito seguros ao servi-lo, negligenciam suas ações.

E visto que o assunto é oportuno, não quero deixar de lembrar a um Príncipe que assumiu um estado novo por meio dos favores daqueles cuja razão que os moveu não foi um afeto natural para com ele, mas apenas o fato de que estavam insatisfeitos com o governo anterior; que, neste caso, com grande dificuldade se poderá manter a amizade com eles, porque será impossível satisfazê-los. E analisando bem os exemplos de ontem e de hoje, nota-se que é muito mais fácil tornar amigos aqueles homens que estavam contentes com o governo anterior, e, portanto, eram seus inimigos; do que manter a amizade daqueles que, descontentes com o governo anterior, favoreceram-no para assumi-lo.

> *"É muito mais fácil tornar amigos aqueles homens que estavam contentes com o governo anterior, e, portanto, eram seus inimigos; do que manter a amizade daqueles que, descontentes com o governo anterior, favoreceram-no para assumi-lo."*

Tem sido o costume dos príncipes, para poderem manter seu estado com mais segurança, construir fortalezas que sejam obstáculo e freio para aqueles que pensam em atacá-los, servindo como um abrigo seguro num primeiro momento. Eu louvo esse modo de se proteger, porque era usado nos tempos antigos. No entanto, messer Niccolò Vitelli, em nossos tempos, destruiu duas fortalezas em Città di Castello para manter esse estado. Guidobaldo, Duque de Urbino, tendo regressado ao seu estado, após ter sido expulso por César Borgia, destruiu, desde os alicerces, todas as fortalezas daquela província, julgando, assim, ser mais difícil perder o estado. Os Bentivoglio, retornando a Bolonha, agiram de modo semelhante. São, portanto, as fortalezas úteis ou não, de acordo com os tempos; e se lhe trazem benefício de um lado, prejudicam-lhe de outro.

E se pode discorrer sobre isso, da seguinte forma. Se um Príncipe tem mais medo do povo do que dos forasteiros, deve construir fortalezas; porém, aquele que tem mais medo dos forasteiros do que do povo, deve esquecê-las.

O castelo de Milão, que Francisco Sforza construiu, trouxe mais hostilidade aos Sforza do que qualquer outro problema naquele estado. Por isso, a melhor fortaleza de um Príncipe é, sempre, não ser odiado pelo povo; porque, se tiver fortalezas, mas for odiado pelo povo, elas não o salvarão.

> *"A melhor fortaleza de um Príncipe é, sempre, não ser odiado pelo povo; porque, se tiver fortalezas, mas for odiado pelo povo, elas não o salvarão."*

Porque nunca faltará ao povo, uma vez que se rebelem, oportunistas de fora que queiram ajudar. Em nossos tempos, não vemos exemplos de fortalezas que tenham sido vantajosas a algum príncipe, senão à condessa de Forli, quando o conde Girolamo, seu marido, foi morto; porque permitiram a ela escapar da fúria popular e esperar socorro de Milão, recuperando o estado; e as circunstâncias eram tal que não permitiram ajuda de fora para o povo rebelado. Mas, depois, as fortalezas foram de pouca utilidade para ela quando César Borgia a atacou, e o povo, que era inimigo dela, se juntou ao Príncipe forasteiro. Portanto, teria sido mais seguro para ela não ser odiada pelo povo, do que ter fortalezas.

Por isso, considerando o que foi dito, louvarei aqueles que construírem fortalezas, e aqueles que não as construírem; e vou culpar qualquer um que, confiando nas fortalezas, tenha pouca consideração pelo fato de ser odiado pelo povo.

CAPÍTULO XXI - DE COMO UM PRÍNCIPE DEVE GOVERNAR PARA GANHAR REPUTAÇÃO

Nada torna um Príncipe tão estimado como os grandes feitos, e os preciosos exemplos. Temos, em nosso tempo, o rei Ferrando de Aragão, atual Rei da Espanha; ele quase pode ser chamado de um Príncipe novo, porque, de um Rei fraco ele se tornou, por conta de sua fama e glória, o primeiro Rei dos cristãos; e, se você considerar suas ações, você as achará todas grandiosas, e algumas extraordinárias.

No início de seu reinado, ele atacou Granada, e essa conquista foi a base de seu estado. Ele fez isso silenciosamente, e sem temer ser impedido; mas atraiu a atenção dos Barões de Castela, que, pensando na guerra, não pensavam em inovações; dessa forma, o rei Fernando adquiriu reputação e influência sobre eles, sem que eles percebessem. O Rei pôde manter os exércitos com o dinheiro da Igreja e do povo, e, com aquela longa guerra, organizou-os de tal modo, que foi um motivo de grande honra. Além disso, para poder empreender maiores conquistas, e valendo-se sempre da justificativa da religião, recorreu a uma piedosa crueldade*, expulsando de seu reino os marranos; não podendo este exemplo ser mais infame, nem mais raro.

* *Essa construção linguística paradoxal (chamada oxímoro): "piedosa crueldade", parece ser uma ironia de Maquiavel quanto à ação cruel do Rei que se utilizava da justificativa religiosa para realizar suas conquistas, já que era conhecido como "Fernando, o católico". (Nota do Tradutor)*

Com a mesma justificativa da religião, ele atacou a África, a Itália, e, por último, a França; e, dessa maneira, sempre escreveu histórias grandiosas, que foram tidas como admiráveis pelos seus súditos, que se ocupavam em acompanhar o desenrolar desses acontecimentos. E essas ações ocorriam, uma ligada à outra, de modo que o Rei não dava espaço para que os outros pudessem amansá-lo e agir contra ele.

Mas é, também, bastante vantajoso e útil para um Príncipe dar raros exemplos internos de seu próprio governo, semelhantes aos contados por messer Barnabó de Milão; pois, quando alguém faz algo extraordinário na vida civil, para o bem ou para o mal, deve-se encontrar uma maneira de recompensá-lo, ou puni-lo; e disso se falará bastante. E, acima de tudo, um Príncipe deve se esforçar para obter, em cada ação sua, uma fama de grande e uma reputação excelente.

> *"Quando alguém faz algo extraordinário na vida civil, para o bem ou para o mal, deve-se encontrar uma maneira de recompensá-lo, ou puni-lo; e disso se falará bastante. E, acima de tudo, um Príncipe deve se esforçar para obter, em cada ação sua, uma fama de grande e uma reputação excelente."*

É, ainda, estimado um Príncipe quando é um verdadeiro amigo, ou um verdadeiro inimigo, isto é, quando sem nenhum medo ele se declara a favor de um, e contra outro.

> *"É, ainda, estimado um Príncipe quando é um verdadeiro amigo, ou um verdadeiro inimigo, isto é, quando sem nenhum medo ele se declara a favor de um, e contra outro."*

E essa estratégia é mais útil do que ficar neutro, porque se dois poderosos vizinhos seus se enfrentarem, quando um deles vencer, você terá razões para temer o vencedor, ou não. Em qualquer situação, será sempre mais útil para você declarar-se abertamente, e entrar na guerra. Porque, se você não se definir a favor de um ou outro, você sempre será um alvo daquele que vencer, com o prazer e a satisfação daquele que foi vencido; e você não terá ninguém que o defenda, nem que o acolha. Porque quem vence não quer amigos suspeitos, e que não o ajudam nas adversidades; e quem perde não te acolhe, pelo fato de que você não se dispôs, de armas em punho, a evitar a sua má sorte.

Antíoco havia sido chamado à Grécia pelos etólios para expulsar os romanos. Antíoco, então, enviou um representante aos aqueus, que eram aliados dos romanos, pedindo que ficassem neutros; por outro lado, os romanos pediram aos aqueus que ficassem ao seu lado na guerra. Esses pedidos foram levados para análise numa assembleia dos aqueus, onde o representante de Antíoco, então, tentava persuadi-los a permanecerem neutros, no que o representante romano argumentou: *Quod autemisti dicunt non interponendi vos bello, nihil magis alienum rebus vestris est; sine gratia, sine dignitate, praemium victoris eritis.* *

** Tradução desse texto em latim: "Quanto ao que foi dito, que é melhor e mais vantajoso para o seu povo não interferir em nossa guerra, nada pode ser mais errado; porque ao não interferir vocês ficarão sem consideração, e sem dignidade, nas mãos do vencedor, como um prêmio pela vitória." (Nota do Tradutor)*

E sempre acontecerá que, aquele que não é seu amigo, pedirá que você fique neutro, e aquele que é seu amigo, pedirá que você o apoie na luta.

> *"E sempre acontecerá que, aquele que não é seu amigo, pedirá que você fique neutro, e aquele que é seu amigo, pedirá que você o apoie na luta. "*

E os Príncipes hesitantes e indecisos, para escapar dos perigos do momento, na maioria das vezes, seguem o caminho da neutralidade, e na maioria das vezes se arruínam. Mas, quando o Príncipe decide, com vigor, a favor de um lado, e este vence, ele ficará devedor a você, ligado pela amizade, ainda que ele seja poderoso e que você esteja sujeito a ele; e os homens nunca são tão desonestos a ponto de, com tão grande mostra de ingratidão, oprimirem você. Além disso, as vitórias nunca são tão absolutas que o vencedor não tenha que ter alguma consideração; especialmente com o que é justo. Mas se aquele a quem você se aliou perde, você será sempre bem recebido por ele; e, enquanto ele puder, o ajudará, e você passa a ser companheiro de um futuro próspero que poderá, um dia, ressurgir.

Mas, quando aqueles que lutam tenham menos força que você, e, portanto, não deva temer o vitorioso; mais prudente ainda será aderir a um lado, porque você vai, pela sua escolha, causar a ruína de um, ao ajudar o outro. E o vitorioso ficará sujeito a você, e é impossível que, com a sua ajuda, o seu aliado não vença.

E aqui deve-se notar que um Príncipe deve cuidar para nunca fazer aliança com alguém mais poderoso que ele para atacar os outros, exceto quando a necessidade o obrigar; pois, como foi dito, ao vencer, você ficará sujeito ao aliado mais forte que você, e os Príncipes devem evitar isso, ao máximo. Os venezianos, por exemplo, aliaram-se à França, contra o Duque de Milão, e poderiam ter evitado isso, o que resultou na sua ruína. Mas quando não se pode evitar isso, como aconteceu com os florentinos, quando o Papa e a Espanha foram com seus exércitos atacar a Lombardia, então o Príncipe deve se aliar pelos motivos já expostos.

Nenhum governo deve acreditar que poderá tomar decisões absolutamente seguras, ao contrário, deve tomá-las todas como duvidosas; porque é assim que as coisas acontecem, e que nunca se poderá evitar um inconveniente, sem incorrer em outro; mas a prudência consiste em saber reconhecer o tipo de inconveniente, e escolher o menos mau, como sendo bom.

"Nunca se poderá evitar um inconveniente, sem incorrer em outro; mas a prudência consiste em saber reconhecer o tipo de inconveniente, e escolher o menos mau, como sendo bom."

Um Príncipe deve, ainda, mostrar-se amante das virtudes e honrar os grandes em qualquer área. Depois, deve estimular os seus cidadãos a exercerem tranquilamente os seus negócios no comércio e na agricultura, e em qualquer outra atividade. De modo que, nenhum súdito deixe de aumentar seu patrimônio pelo medo de lhe ser tirado, ou que nenhum comerciante deixe de abrir um negócio por medo dos tributos. E o Príncipe deve recompensar todos aqueles que façam essas coisas, e que, de alguma forma, queiram colaborar para desenvolver a cidade e o estado. Além disso, em determinados períodos do ano, deve manter as pessoas ocupadas com festas e espetáculos. E, considerando que toda cidade está dividida em classes ou comunidades, o Príncipe deve levar em conta todos esses grupos, encontrando-se com eles às vezes, dando exemplo de humanidade e grandiosidade; mantendo, porém, sempre firme a sua condição de majestade e sua dignidade; porque isso jamais pode faltar, em qualquer situação que seja.

CAPÍTULO XXII - DOS MINISTROS DOS PRÍNCIPES

Não é de pouca importância para um Príncipe a escolha de seus ministros, os quais serão bons ou não, de acordo com sua prudência. E a primeira opinião que se tem de um governante, e de sua inteligência, resulta da observação daqueles que estão ao seu redor.

"A primeira opinião que se tem de um governante, e de sua inteligência, resulta da observação daqueles que estão ao seu redor."

Se forem eficientes e fiéis, sempre se pode concluir que ele é sábio, pois foi capaz de reconhecer a eficiência deles, e mantê-los fiéis. Mas, se for o contrário, sempre se pode fazer um julgamento ruim dele, pois seu primeiro erro terá sido a escolha de seu pessoal. Não havia quem conhecesse o Senhor Antônio de Venafro, como ministro de Pandolfo Petrucci, Príncipe de Siena, e que não julgasse Pandolfo um homem muito prudente, pela escolha desse seu ministro.

Há três tipos de inteligência: uma, que compreende as coisas por si própria; outra, que percebe as coisas que os outros fazem; e a terceira, que nem compreende as coisas por si própria, nem percebe as coisas que os outros fazem.

"Há três tipos de inteligência: uma, que compreende as coisas por si própria; outra, que percebe as coisas que os outros fazem; e a terceira, que nem compreende as coisas por si própria, nem percebe as coisas que os outros fazem."

A primeira é excelentíssima, a segunda é excelente, e a terceira é inútil. Portanto, se Pandolfo não se enquadrava no primeiro tipo, certamente, estaria no segundo; porque toda vez que alguém tem a capacidade de perceber o bem e o mal que o outro faz ou fala, embora isso não demonstre originalidade, conseguirá, então, reconhecer as ações más ou boas de seu ministro, podendo exaltá-las ou corrigi-las. Dessa forma, o ministro não terá esperanças de poder enganá-lo, e mantém-se bom.

Mas, para um Príncipe poder conhecer seu ministro, há uma maneira que nunca falha. Quando você vir um ministro pensando mais em si próprio, do que em você, e buscando, em todas as ações, o seu próprio interesse; então, ele nunca será um bom ministro, e você jamais poderá confiar nele.

> *"Quando você vir um ministro pensando mais em si próprio, do que em você, e buscando, em todas as ações, o seu próprio interesse; então, ele nunca será um bom ministro, e você jamais poderá confiar nele."*

Porque, um ministro, que tem a responsabilidade por um estado, não deve pensar jamais em si mesmo, mas, sim, no seu príncipe; não devendo pensar em nada além daquilo que diz respeito ao príncipe. E, por outro lado, para conservar esse ministro eficiente e fiel, o Príncipe deve pensar nele, elogiando-o, tendo consideração com ele, tornando-o rico, conferindo-lhe honrarias, cargos e responsabilidades; para que as muitas honrarias não lhe façam desejar outras honrarias, que as muitas riquezas que lhe sejam concedidas não o façam desejar outras riquezas, e os muitos cargos e responsabilidades o façam temer as mudanças; de modo que o ministro reconheça que não pode ficar sem o príncipe.

Portanto, quando o Príncipe e o ministro têm esse relacionamento, poderão confiar um no outro; de modo contrário, o fim será sempre prejudicial a um, ou a outro.

CAPÍTULO XXIII - DE QUE MODO SE DEVE EVITAR OS BAJULADORES

Não quero deixar de tratar de um importante ponto: é um erro do qual os Príncipes terão dificuldade para evitar, se não forem muito prudentes, ou se não fizerem uma boa escolha de seus ministros. Trata-se dos bajuladores, dos quais as cortes estão cheias, porque os homens gostam tanto das coisas que lhes dizem respeito, e se iludem tão facilmente, que é muito difícil defender-se dessa praga; e, ao quererem se defender, correm o risco de serem menosprezados. Porque não há outra maneira de se evitar a bajulação, a não ser quando os homens entendem que não lhe ofendem se disserem a verdade; mas quando todos podem lhe dizer a verdade, faltará respeito e reverência. Portanto, um Príncipe prudente deve ter uma terceira maneira, escolhendo, em seu estado, os homens mais sábios, e apenas a estes deve dar a liberdade para lhe falarem a verdade, e somente sobre o que ele perguntar, e nada mais.

> *"Porque não há outra maneira de se evitar a bajulação, a não ser quando os homens entendem que não lhe ofendem se disserem a verdade; mas quando todos podem lhe dizer a verdade, faltará respeito e reverência. Portanto, um Príncipe prudente deve ter uma terceira maneira, escolhendo, em seu estado, os homens mais sábios, e apenas a estes deve dar a liberdade para lhe falarem a verdade."*

Mas o Príncipe deve perguntar a eles sobre tudo e ouvir suas opiniões, e, então, com esses conselhos, decidir por si próprio e conforme a sua vontade. e com cada um deles, comportar-se de forma com que todos saibam que, quanto mais livremente alguém falar, mais aceitação terá. Além destes escolhidos, o Príncipe não deve ouvir mais ninguém, seguindo adiante com as suas decisões, e mantendo firme as suas deliberações. Quem fizer outra coisa, ou agirá precipitadamente, por causa dos bajuladores, ou mudará frequentemente de ideia, devido à variação de opiniões; e, de todo modo, isso lhe causará falta de respeito.

Quero, a esse respeito, dar um exemplo atual. O padre Luca Rinaldi, homem de Maximiliano, atual imperador, falando de sua majestade, disse que, pelo fato dele não se aconselhar com ninguém de confiança, como eu recomendo, acaba não fazendo nada à sua maneira. O imperador é um homem discreto, e que não fala de suas coisas com ninguém, e a ninguém pede conselhos, por isso, assim que coloca suas decisões em prática, e estas tornam-se conhecidas, elas são criticadas pelos que estão ao seu redor, fazendo-o, facilmente, mudar de ideia. Consequentemente, as coisas que ele faz num dia, desfaz no outro; e nunca se sabe o que ele quer ou planeja fazer, pois não se pode nunca confiar nas suas decisões.

Portanto, um Príncipe deve sempre buscar se aconselhar, mas, apenas, quando ele quiser, não quando os outros quiserem; ao contrário, ele deve desencorajar qualquer conselho quando não solicitado. Mas ele deve perguntar constantemente, e depois, sobre as coisas perguntadas, ser um paciente ouvinte; e, percebendo que alguém, por respeito, não lhe diga a verdade, deve se mostrar aborrecido.

E aqueles que disserem que um Príncipe que tenha fama de ponderado, seja assim considerado, não porque seja sábio, mas porque tenha bons conselheiros ao seu redor, estarão, sem dúvida, enganados. Porque é regra geral, que nunca falha, que um Príncipe que não seja verdadeiramente sábio, não poderá nunca ser bem aconselhado.

E, se tiver apenas um conselheiro que seja de grande sabedoria e que determine tudo o que deve ser feito no seu governo, neste caso, poderia governar bem, porém, por pouco tempo, pois logo este lhe tomaria o estado. Mas, aconselhando-se com mais de um, o Príncipe que não seja sábio, não tendo unanimidade nesses conselhos, jamais saberá avaliá-los corretamente, nem conseguirá reconhecer a melhor decisão a tomar. Os conselheiros pensarão, cada um, em seus próprios interesses, e ele, incapaz de perceber isso, não saberá corrigi-los. E não será diferente, pois os homens sempre serão maus, se não houver uma razão que os faça serem bons.

"Os homens sempre serão maus, se não houver uma razão que os faça serem bons."

Então, conclui-se que os bons conselhos, de quem quer que eles venham, vêm da ponderação do príncipe, e não é a ponderação do Príncipe que vem dos bons conselhos.

"Os bons conselhos, de quem quer que eles venham, vêm da ponderação do príncipe, e não é a ponderação do Príncipe que vem dos bons conselhos."

CAPÍTULO XXIV - DO PORQUÊ QUE OS PRÍNCIPES DA ITÁLIA PERDERAM SEUS ESTADOS

Todas as coisas já ditas, se observadas com prudência, farão um Príncipe novo parecer experiente; e o tornam, de imediato, mais seguro e mais estável no estado, do que se, há muito tempo, já o ocupasse. Porque um Príncipe novo é muito mais observado em suas ações do que um Príncipe hereditário; e quando suas ações são reconhecidas como virtuosas, os homens são mais fortemente atraídos pelo príncipe, e permanecem mais ligados a ele, do que pela tradição de sangue. Porque os homens são muito mais atraídos pelas coisas novas do que pelas antigas, e quando encontram algo bom nas coisas novas, ficam satisfeitos e não procuram mais nada; pelo contrário, farão de tudo para defender o príncipe, caso ele não falhe nas outras coisas.

> *"Os homens são muito mais atraídos pelas coisas novas do que pelas antigas, e quando encontram algo bom nas coisas novas, ficam satisfeitos e não procuram mais nada."*

E, assim, ele terá dupla glória, de ter iniciado um principado novo, e de tê-lo organizado e fortalecido com boas leis, bons exércitos, bons amigos e bons exemplos. Da mesma forma que será dupla a vergonha daquele que nasceu príncipe, e por sua falta de prudência, perde seu estado.

E se considerarmos aqueles Senhores que na Itália, em nossos tempos, perderam o estado, como o rei de Nápoles, o duque de Milão e outros, encontraremos neles, primeiro, um defeito comum em termos de exércitos, pelas razões que já foram longamente expostas. Depois, poderemos ver que alguns deles tiveram o povo como inimigo; ou, mesmo tendo a amizade do povo, não souberam se garantir contra os poderosos. Porque, sem esses defeitos, não se pode perder um estado que seja capaz de colocar um exército em campo.

Filipe da Macedônia, não o pai de Alexandre Magno, mas aquele que foi derrotado por Tito Quinto, não possuía um estado muito grande, se comparado à grandeza dos romanos e dos gregos que o atacaram; porém, por ser um homem de espírito militar, e que sabia agradar o povo, e garantir-se contra os poderosos, ele se sustentou na guerra por vários anos, e se no final ele perdeu o domínio de algumas cidades, ele manteve seu reino.

Portanto, estes nossos príncipes, os quais tiveram seus principados por muitos anos, e depois os perderam, não podem acusar a falta de sorte, mas sim a sua própria preguiça; porque nunca pensaram, nos momentos de paz, que poderia haver mudança (e esse é um defeito comum dos homens, durante a calmaria, não pensar na tempestade).

> **"É um defeito comum dos homens, durante a calmaria, não pensar na tempestade."**

Quando, então, chegavam os tempos ruins, pensavam em fugir, e não em se defender, e esperavam que a população, incomodada com o atrevimento dos vencedores, chamassem-nos de volta. Quando falharem outros meios, é bom que isso aconteça; mas é muito ruim deixar de lado os outros meios, esperando que isso aconteça; porque nunca se poderia permitir ser deposto, por acreditar que alguém irá recolocá-lo no poder. E isso pode não acontecer, mas, se acontecer, não contribuirá para sua segurança, pois, dependendo totalmente de outros, foi ajudado como um covarde. As defesas boas, certas e duradouras são aquelas que dependem de você e da sua competência.

> **"As defesas boas, certas e duradouras são aquelas que dependem de você e da sua competência."**

CAPÍTULO XXV - DE QUE MODO A SORTE PODE INFLUENCIAR O HOMEM E COMO SE PODE ENFRENTÁ-LA

Não é desconhecido para mim que muitos tiveram, e ainda têm, a opinião de que as coisas do mundo são, de certo modo, governadas pela sorte, e por Deus, e que os homens, mesmo com sua inteligência, não podem modificá-las, e que não há remédio para elas. E, por isso, poderia se pensar que não seria necessário empenhar-se muito pelas coisas, mas, sim, deixar-se governar pela sorte. Esta opinião tem sido muito aceita em nossos tempos, devido às grandes transformações que foram vistas, e são vistas, distantes de qualquer previsão do homem. Pelo que, pensando eu algumas vezes sobre isso, de algum modo, me inclino por essa opinião; no entanto, para que nosso livre arbítrio não seja extinto, julgo que possa ser verdade que a sorte seja soberana sobre metade de nossas ações, mas que ainda nos reste a outra metade, ou um pouco menos, para que possamos controlar.

> *"Julgo que possa ser verdade que a sorte seja soberana sobre metade de nossas ações, mas que ainda nos reste a outra metade, ou um pouco menos, para que possamos controlar."*

Eu comparo a sorte com um rio impetuoso que, quando enfurecido, inunda as terras ao redor, destrói as árvores e as casas, desloca terras de uma margem, e as coloca na outra; todos fogem de sua fúria, sem que nada possam fazer. E, ainda que seja assim, os homens podem, quando o rio está calmo, fazer canais, barragens, diques e abrigos, de tal modo que, quando o rio se enfurecer novamente, ou ele seguiria por um canal construído, ou, pelo menos, as consequências não seriam tão prejudiciais. Da mesma forma, a sorte interfere em nossas vidas, mostrando maior poder onde não há virtude para enfrentá-la, pois, justamente, ela dirige suas forças para onde não há barreiras para contê-la.

> *"A sorte interfere em nossas vidas, mostrando maior poder onde não há virtude para enfrentá-la, pois, justamente, ela dirige suas forças para onde não há barreiras para contê-la."*

E se você considerar a Itália, que é o centro e o início dessas mudanças, verá que ela é um campo aberto, sem barreiras e sem qualquer abrigo; e se ela tivesse sido defendida com apropriada competência, como ocorre com a Alemanha, a Espanha, e a França, as inundações não teriam feito todo o estrago que fizeram, ou nem teriam feito estrago algum. E isso me parece, de modo geral, o suficiente a dizer sobre como enfrentar a sorte.

Mas, restringindo-me mais a particularidades, digo o porquê de se ver um Príncipe próspero, hoje, e arruinado, amanhã; sem que tenha mudado sua natureza ou qualquer de suas qualidades. O que, creio eu, é resultado, primeiro, das razões que já foram longamente expostas aqui; ou seja, quando o Príncipe depende inteiramente da sorte, arruína-se conforme ela mude. Acredito, também, que terá mais sucesso aquele que adaptar o seu modo de agir de acordo com o espírito dos tempos; e, igualmente, será infeliz aquele cujo modo de agir seja conflitante com o momento que se atravessa.

> *"Terá mais sucesso aquele que adaptar o seu modo de agir de acordo com o espírito dos tempos; e, igualmente, será infeliz aquele cujo modo de agir seja conflitante com o momento que se atravessa."*

Assim, pode-se conhecer os homens pelas coisas que fazem para atingir seus objetivos (glória e riquezas), os quais podem proceder de várias maneiras: uns com prudência, outros com impulsividade; uns com violência, outros com competência; uns com paciência, outros com seu oposto; e cada um, com essas maneiras diferentes, pode atingir seus objetivos. E ainda podemos ver dois homens prudentes, um alcançando seus objetivos, o outro não; e, igualmente, podemos ver dois homens alcançando seus objetivos através de duas maneiras diferentes, sendo um prudente, o outro impetuoso. E isso não advém de outra coisa, senão do espírito dos tempos que concorda, ou não, com o modo de agir de cada um. Daí decorre aquilo que eu disse, ou seja, que dois homens agindo de maneira diferente podem atingir seus objetivos; mas, outro dois, agindo da mesma maneira, um atinge seus objetivos, o outro, não.

E, ainda, isso tudo depende da variação do conceito do que é bom ou não; porque aquele que age com prudência e paciência, em tempos e situações em que isso seja bom, terá sucesso; mas, se os tempos e as situações mudam, ele se arruinará, se não mudar sua maneira de agir.

> *"Aquele que age com prudência e paciência, em tempos e situações em que isso seja bom, terá sucesso; mas, se os tempos e as situações mudam, ele se arruinará, se não mudar sua maneira de agir."*

Não se encontra homem tão prudente que saiba concordar com isso; ou porque não consegue desviar-se daquilo a que a natureza o inclina; ou porque, tendo sempre prosperado por um caminho, não se convence de que deva mudar.

E, ainda, tem o fato de que, o homem prudente, na hora que deve ser impetuoso, não saberá como fazê-lo, e aí se arruína. Pois, se a maneira de agir mudasse com os tempos e as situações, a sorte não mudaria. O papa Júlio II agiu de forma impetuosa em tudo, mas os tempos e as situações eram coerentes com isso, por essa razão, sempre teve sucesso. Considere seu primeiro ataque contra

Bologna, estando messer Giovanni Bentivoglio ainda vivo. Os venezianos não concordaram com isso, nem o rei da Espanha, e o rei da França ainda discutia a questão. Mesmo assim, o Papa embarcou pessoalmente nessa empreitada, com sua habitual ferocidade e ímpeto. E esse movimento fez com que a Espanha e os venezianos ficassem parados e passivos, estes por medo, e aquela pelo desejo de recuperar todo o reino de Nápoles. E, por outro lado, conseguiu trazer atrás de si o Rei da França, que, vendo o movimento do papa, e desejando fazer dele um amigo para derrubar os venezianos, julgou não poder negar seu apoio, sem que isso não soasse como um insulto.

Júlio II, conseguiu, portanto, com seu movimento impetuoso, aquilo que nenhum outro pontífice, com toda a prudência humana, jamais teria conseguido fazer. Porque, se tivesse esperado todos os acertos para, então, partir de Roma, como qualquer outro pontífice teria feito, ele nunca teria tido sucesso. Pois o rei da França teria encontrado mil desculpas, e os outros lhe teriam criado mil temores. Quero deixar de lado suas outras ações, que foram todas semelhantes, com pleno êxito, e a brevidade da vida não o deixou sentir o contrário. Mas, se os tempos e as situações tivessem mudado a tal ponto que fosse preciso agir com prudência, seguramente teria se arruinado, pois ele nunca mudaria o seu jeito, do qual a sua natureza o inclinava a ser.

Concluo, portanto, dizendo que, sendo a sorte mutável, e os homens agindo obstinadamente do mesmo modo, eles somente terão êxito enquanto concordarem, seu modo de agir e sua sorte; ao contrário, quando discordarem, encontrarão o fracasso.

"Sendo a sorte mutável, e os homens agindo obstinadamente do mesmo modo, eles somente terão êxito enquanto concordarem, seu modo de agir e sua sorte; ao contrário, quando discordarem, encontrarão o fracasso.

Julgo muito bem que é melhor ser impetuoso do que prudente, porque a sorte é mulher; e é necessário, para dominá-la, empregar energia; e vemos que ela pode ser superada mais por quem age assim, do que por aqueles que agem sem energia. E, sendo mulher, é sempre amiga dos jovens, porque são menos prudentes, mais bravos, e com mais audácia a comandam.

CAPÍTULO XXVI - APELO PARA LIBERTAR A ITÁLIA DOS BÁRBAROS

Considerando, pois, tudo o que já foi exposto, e pensando comigo mesmo se, agora, já não seria tempo de honrar um novo Príncipe na Itália, e se haveria elementos que dessem oportunidade a um Príncipe prudente e virtuoso de instalar uma nova organização, que o honrasse, e que fizesse bem à grande maioria dos seus habitantes. E parece-me que há tantas coisas em benefício de um novo príncipe, que não sei que outra época seria mais adequada para isso.

E se, como eu disse, fosse necessário, para ver a virtude de Moisés, que o povo de Israel fosse escravizado no Egito, e para conhecer a grandeza e a alma de Ciro, que os persas fossem oprimidos pelos medos, e para ilustrar a excelência de Teseu, que os atenienses fossem dispersos; então, no presente, querendo conhecer a virtude de um espírito italiano, era necessário que a Itália chegasse na situação atual, e que fosse mais escrava que os hebreus, mais oprimida que os persas, mais desunida que os atenienses, sem liderança, sem organização, derrotada, saqueada, destruída, invadida, e sofrido todo tipo de devastação.

E, ainda que tenha havido até aqui uma pequena chama de esperança, fazendo crer que alguns poderiam ter sido enviados por Deus para a libertação da Itália, foi visto depois, nos momentos decisivos, que esses homens foram abandonados pela sorte. De modo que, como que deixada sem vida, a Itália espera por aquele que possa curar suas feridas, e que ponha fim aos saques da Lombardia, às explorações do reino de Nápoles e da Toscana, tratando de suas chagas abertas há tanto tempo.

Vê-se como ela pede a Deus para que lhe envie alguém para libertá-la da crueldade e abuso dos estrangeiros. Vê-se, também, que ela está pronta e disposta a seguir uma bandeira, desde que haja alguém para empunhá-la. Também não se vê, neste momento, em quem mais esperar isso do que de sua ilustre família Medici, que, com a sua competência e sorte, favorecida por Deus e pela Igreja, da qual agora é príncipe, pode liderar esta libertação. E isso não será muito difícil, se procurar seguir as ações e a vida daqueles que eu mencionei. E embora esses homens sejam raros e maravilhosos; ainda assim, eles eram apenas homens; e cada um deles teve menos oportunidades do que podem ser vistas hoje; e os feitos deles não foram nem mais justos, nem mais fáceis; e nem Deus foi mais amigo deles do que seu. A causa é, portanto, justa: *iustum enim est bellum quibus necessarium, etpia arma ubi nulla nisi in armis spes est**

** Tradução desse texto em latim: "A guerra é justa para aqueles a quem ela é necessária, e as armas são sagradas onde não há esperança, exceto nelas." (Nota do Tradutor)*

Aqui há uma disposição muito grande, e onde há tanta disposição, não pode haver grande dificuldade, desde que reproduza o modo de agir daqueles que relatei nesse texto como bons exemplos. Além disso, quão extraordinários são os sinais da manifestação de Deus: o mar que se abriu, a nuvem que revelou o caminho, a pedra da qual verteu água; a chuva de maná*, tudo contribui para a sua grandeza, há que fazer o restante.

** Esses exemplos são bíblicos (livro do Êxodo), e dizem respeito ao povo hebreu. (Nota do Tradutor)*

Deus não quer fazer tudo, para não nos tirar o livre arbítrio e a parte da glória que nos pertence. E não é de admirar que alguns dos italianos já citados não foram capazes de fazer o que se espera de sua ilustre família. Com tantas revoluções na Itália, tantas guerras, parece que a competência militar tenha sido extinta, pois as táticas antigas não eram boas, e ninguém conseguiu criar táticas mais eficientes. Nada honra tanto a um Príncipe novo do que criar leis e organizar o estado. Quando essas coisas são bem fundamentadas, e cheias de grandeza, elas o fazem ser reverenciado e admirado, e na Itália não falta elementos para a realização disso. Aqui há grande virtude no povo, mas falta nas lideranças. Veja nos duelos e nos combates individuais, o quanto os italianos são superiores em força, destreza e inteligência. Mas, em relação aos exércitos, eles não têm bons resultados; e tudo se origina da fraqueza das lideranças; porque os que têm conhecimento, não são obedecidos, e todos pensam que têm conhecimento. Não tendo aparecido, até agora, alguém que revele ter tanto conhecimento e que, pela competência e pela sorte, consiga liderar os demais. Daí o fato de que, em tanto tempo, em tantas guerras travadas nos últimos vinte anos, sempre que se formou um exército inteiramente italiano, teve péssimos resultados: como aconteceu em Taro, depois Alexandria, Cápua, Gênova, Vailá, Bolonha, Mestri.

Portanto, se a sua ilustre família deseja seguir os grandes homens que libertaram suas províncias, é necessário, antes de tudo, como base genuína de qualquer empreendimento, preparar-se com exércitos próprios; porque não se pode ter soldados mais leais, nem mais verdadeiros, e nem melhores que estes. E, ainda que cada um deles seja bom, individualmente, todos juntos se tornarão melhores quando eles se virem comandados pelo seu príncipe, e por este sejam honrados e mantidos.

Portanto, é necessário preparar esses exércitos, a fim de poder se defender, com a virtude italiana, dos estrangeiros. E embora a infantaria suíça e espanhola sejam consideradas terríveis; cada uma delas tem um defeito, pelo que uma terceira infantaria não só poderia enfrentá-las, mas, também, confiar em superá-las. Porque os espanhóis não podem enfrentar a cavalaria, e os suíços temem uma infantaria que lute de forma tão determinada e obstinada quanto eles. Já se viu, por experiência, e se poderá ver ainda, que os espanhóis não podem resistir ao ataque da cavalaria francesa, e os suíços não resistem ao ataque da infantaria espanhola. E, embora, deste último caso, não se tenha um exemplo conclusivo; pôde-se ver uma amostra disso na batalha de Ravena, quando a infantaria espanhola atacou as tropas alemãs, que estavam organizadas da mesma forma que os suíços. Onde os espanhóis, com sua agilidade, e com a ajuda de seus pequenos escudos com ferrão, haviam penetrado por entre as lanças dos alemães, e certamente teriam vencido a batalha, não fosse a cavalaria tê-los atacado.

É, portanto, possível, conhecendo o defeito de cada uma dessas infantarias, preparar uma nova que, ao mesmo tempo, resista à cavalaria e não tema o ataque da infantaria; o que se fará com uma nova organização tática dos exércitos. E estas são inovações que dão fama e grandeza a um Príncipe novo.

Não se deve, portanto, deixar passar esta oportunidade, a fim de que a Itália possa ver chegar seu libertador, depois de tanto tempo. Nem posso expressar com que amor seria recebido em todas as províncias que têm sofrido tanto com essas invasões estrangeiras - quanta sede de vingança, quanta fé obstinada, quanta piedade, quantas lágrimas.

Quem lhe fecharia as portas? Quem lhe negaria obediência? Que inveja se oporia às suas ações? Qual italiano lhe negaria respeito? A todos cheira mal essa dominação estrangeira. Portanto, que a sua ilustre família abrace essa causa com o ânimo e com a esperança daqueles que defendem as causas justas e legítimas para que, sob sua bandeira, esta pátria seja honrada, e, sob sua proteção, se transformem em realidade os versos de Petrarca:

Virtude contra o furor
Pegará em armas, e será um combate curto;
Pois o antigo valor
Nos corações italianos ainda não é morto.*

Versos originais (em italiano) de Francisco Petrarca:
Virtù contro al furore
Prenderà l'armi, e fia il combatter corto;
Chè l'antico valore
Negli Italici cuor non è ancor morto. (Nota do Tradutor)

PERSONAGENS CITADOS NO LIVRO

Esse capítulo foi introduzido nesta edição, com o objetivo de explicar os principais personagens citados por Maquiavel. Você pode ler no momento em que julgar conveniente, pois a lista foi elaborada em ordem alfabética, considerando, em geral, o primeiro nome do personagem, ou o nome pelo qual é citado no livro; sempre procurando seguir o bom senso.

Agátocles Siciliano (361 a.C. – 289 a.C.): nasceu em Termini Imerese, na Sicília, ilha costeira italiana, e a maior do mediterrâneo. Tomou em armas e conquistou Siracusa, tornando-se príncipe. Liderou, também, várias batalhas contra os cartagineses, na Tunísia (norte da África).

Alberico de Conio (Alberico de Barbiano) (Conde de Conio) (1344–1409): nasceu em Barbiano di Cotignola, Itália. Foi conde de Conio, sendo o primeiro *condottiero*, líder de tropas mercenárias (Companhia de São Jorge) a serviço de qualquer estado interessado em contratar seus serviços. Combateu a favor do Papa Urbano VI.

Albino (c.155 - 197): nasceu em Hadrumeto (hoje Susa), na Tunísia. Foi comandante das legiões da Gália e, após ser aliado de Severo, foi por este derrotado e morto, por conta da disputa do império romano.

Alexandre VI (1431 - 1503): nasceu Rodrigo Bórgia, em Xativa, perto de Valência (Espanha). Sucedeu ao Papa Inocêncio VIII, comprando o voto da maioria do conclave, pois era riquíssimo. Seu pontificado durou de 1492 até sua morte, em 1503. Passou para a história como Papa Alexandre VI, o Papa sinistro, de tantos crimes que cometeu.

Alexandre Magno (Alexandre, O Grande) (Alexandre III da Macedônia) (356 a.C. — 323 a.C.): nasceu em Pella, atual Grécia, foi Rei do antigo império grego da Macedônia, foi um dos maiores conquistadores da história, tendo realizado marcantes campanhas militares na Ásia e norte da África.

Alexandre Severo (Marco Aurélio Severo Alexandre Augusto) (208 - 235): nasceu em Arca de Cesareia (atual sítio arqueológico no norte do Líbano), e foi imperador romano de 222 235. Era bom, mas não teve apoio político, nem militar, e morreu assassinado vítima de uma conspiração. Foi o último dos imperadores da dinastia dos Severos, sendo sucedido por Maximino Trácio.

Amilcar cartaginês (Amilcar Barca) (c.275 a.C. -228 a.C.): nasceu em Cartago (Tunísia). Foi líder do exército cartaginês na Sicília, na primeira guerra púnica, e negociou a sua da paz em 241 a.C. Seu filho foi Aníbal Barca.

Aníbal (Aníbal Barca) (247 a.C. -183 a.C.): nasceu em Cartago (Tunísia), foi general do exército cartaginês e lutou contra o império romano.

Aníbal Bentivoglio (Aníbal I) (1413 – 1445): nasceu em Bolonha, membro da influente família Bentivoglio, foi Senhor em Bolonha de 1443 a 1445, quando foi assassinado pelos Canneschi.

Aníbal II Bentivoglio (1467 – 1540): nasceu em Bolonha, e foi um *condottiero* (líder mercenário de exército). Por um breve período, de 1511 a 1512, foi Senhor de Bolonha, sendo o último membro de sua família a manter o poder na cidade. Ele era filho de Giovanni II Bentivoglio, e neto de Aníbal Bentivoglio.

Antíoco III (c.241 a.C. - 187 a.C.): nasceu em Susa, na Pérsia (hoje Irã). Foi conhecido, também, como Antíoco, o Grande. Da dinastia dos Selêucidas, queria restaurar o poder que seus antepassados tiveram. No ano 197 a.C., conquistou Éfeso e, atravessando o Helesponto, ocupou Sestos e Lismáquia, na Trácia, o que gerou conflito com Roma. Antíoco foi definitivamente derrotado em Magnésia, no ano 189 a.C.

Antonio de Venafro (Antonio Giordano) (1459–1530): nasceu em Venafro, Itália, e foi um importante jurista e professor da universidade de Siena. Foi, também, conselheiro de Pandolfo Petrucci.

Aqueus: é como se designa o povo que primeiro ocupou a região onde, hoje, é a Grécia, próximo de 2.000 a.C. Os aqueus foram vencidos pelos macedônios no final do século IV a.C. e, somente no ano 280 a.C., quando Alexandre Magno já havia morrido, os aqueus retomaram sua independência, restabelecendo a liga aqueia, que tinha o objetivo de combater as tiranias locais e resistir aos macedônios.

Aquiles: filho de Tétis e Peleu, Rei de Fitia, Aquiles foi um herói da mitologia grega, e o maior guerreiro na lendária guerra de Tróia (tendo, possivelmente, ocorrido entre 1.300 a.C e 1.200 a.C), entre os aqueus (da atual Grécia) e os troianos (da atual Turquia). Aquiles é, também, o personagem central do poema épico Ilíada, de Homero. Segundo a lenda, Aquiles era invulnerável, exceto por seu calcanhar, originando-se a expressão "calcanhar de Aquiles" para descrever a fraqueza de uma pessoa.

Ascânio (Cardeal Ascânio Sforza) (1455 - 1505): nasceu em Cremona, região da Lombardia, Itália. Irmão de Ludovico Sforza (o Mouro), foi um Cardeal italiano, conhecido por sua competência diplomática, e que desempenhou um papel fundamental na eleição de Rodrigo Bórgia como Papa Alexandre VI, ao vender seus votos. Após seu irmão Ludovico ser destronado pelos franceses, Ascânio foge para Milão, mas é preso logo depois, só retornando à Roma após a morte de Alexandre VI.

Baglioni (João Paulo Baglioni): foi Senhor de Perúgia, tomou parte da conspiração de La Maggiori contra César Bórgia, que o expulsou em 1503.

Barnabó de Milão (Barnabó Visconti) (1323 - 1385): nasceu em Milão, e foi co-senhor de Milão, juntamente com Matteo II Visconti e Galeazzo II Visconti. Foi conhecido pela sua crueldade, e morreu supostamente envenenado por seu sobrino Gian Galeazzo Visconti.

Bartolomeo de Bergamo (1400 -1475): nasceu em Solza, na Itália. Foi um famoso *condottiero*, termo que designa um líder mercenário de legiões, no final da idade média. Liderou exércitos em Veneza, foi derrotado por Francisco Sforza, em 1448, em Caravagio.

Bentivoglio: nome de uma poderosa família de Senhores de Bolonha, com destaque pela briga política no final da idade média, tendo como principais adversários políticos a também poderosa família Canneschi.

Braccio de Montone (1368 - 1424): nasceu em Perugia, e seu nome de batismo era Andrea Fortebracci. Foi um *condottiero* (líder mercenário de exército), e bracceschi era o termo usado para designar seus partidários.

Canneschi: família influente em Bolonha, no final da idade média, e rival da família Bentivoglio.

Caracala (Marco Aurélio Antonino Augusto) (188 - 217): foi um imperador romano de 198 a 217, sucedendo a seu pai, o imperador Sétimo Severo.

Cardeal de Ruão (George d'Amboise) (1460 - 1510): nasceu na cidade francesa de Chaumont-sur-Loire, na França, além de Cardeal de Ruão, foi, também, conselheiro político de Luís XII, que o tornou governador da Lombardia.

Carlos VII (o Vitorioso) (1403 - 1461): nasceu em Paris, pertencendo à Casa Real de Valois, foi o Rei da França de 1422 até sua morte, em 1461. Colocou fim à guerra dos Cem Anos, em 1453, libertando a França da Inglaterra.

Carlos VIII (1470 - 1498): nasceu em Amboise, França, pertencendo à Casa Real de Valois. Foi Rei da França, sucedendo seu pai, o Rei Luís XI, e permanecendo no poder de 1483 até sua morte, em 1498. Carlos VIII iniciou a política francesa de conquistas, focado, especialmente, na Itália; pois, até então, a

França se resumia a resistir aos intrusos e manter a unidade do estado.

Carmignuola (Francisco Bossone) (1380 - 1432): nasceu em Carmagnola, foi um *condottiero* (líder mercenário de exército), e combateu a serviço de Filippo Maria Visconti (duque de Milão), passando, em 1425, ao serviço de Veneza, liderando os exércitos de Veneza e Florença, aliadas contra Milão. Alguns reveses, porém, levaram os venezianos a suspeitarem da lealdade de Carmignuola, que o destituíram e o executaram logo depois.

César (Caio Júlio César) (100 a.C. – 44 a.C.): foi um dos grandes líderes militares romanos, além de exercer um importante papel na política, tendo influenciado a transformação da república romana no império romano. Seu sobrinho, Augusto (nascido Caio Otavio), foi adotado como filho, em seu testamento, sucedendo-o e transformando-se no primeiro imperador romano.

César Bórgia (duque Valentino) (1475 - 1507): de família nobre, nasceu em Roma, filho de Alexandre VI com sua amante, Vannozza de Cattanei. Foi Cardeal de Valência (Espanha) em 1493, nomeado pelo Papa Alexandre VI, mas abondonou a carreira eclesiástica em 1493, tornando-se, pelas mãos do Rei da França, Duque de Valentinois (duque Valentino), de 1498 até sua morte, em 1507.

Cipião (Públio Cornélio Cipião Africano) (236 a.C. - 183 a.C.): nasceu em Roma, membro da *gens* (termo que designava linhagem) Cornélia. Foi general do exército romano, e venceu o exército cartaginês de Anibal, aniquilando definitivamente o império cartaginês.

Ciro (o Grande) (c.600 a.C. – 530 a.C.): nasceu em Ansam (atual Irã), e foi o fundador do primeiro império persa (Império Aquemênida), governando entre 559 a.C. até sua morte, em 530 a.C.

Colonna: foi uma família nobre italiana, da cidade de Roma, rival da família Orsini.

Colonnesi: refere-se aos Colonna.

Cômodo (161 – 192): nasceu em Roma, filho do imperador Marco Aurélio, e governou de 180 até sua morte, no ano de 192.

Conde de Pitigliano (Niccolò Orsini) (1492 - 1510): nasceu em Pitigliano, região da Toscana, na Itália; foi conde de Nola e de Pitigliano. Foi, também, um *condottiero* (líder mercenário de exército), tendo comandado as forças de Veneza; foi derrotado na batalha de Vailá (Agnadello).

Conde Girolamo (Girolamo Riario) (1443 – 1488): nasceu em Savona, norte da Itália; foi Senhor de Ímola, e de Forli. Era sobrinho do Papa Sisto IV, e foi casado com Catarina Sforza. Vítima de uma conspiração, foi morto com várias facadas, e seu corpo foi despido e jogado pela janela de seu palácio, em 1488.

Dario I (o Grande) (550 a.C. - 486 a.C.): foi um imperador persa e governou de 522 a.C. até sua morte, em 486 a.C. Subjugou a Trácia e a Macedônia. Dario organizou o império, dividindo-o em províncias, e colocando governadores em cada uma delas.

Dario III (c.380 a.C. — 330 a.C.): foi o último Rei do império Aquemênida, da Pérsia, de 336 a.C. a 330 a.C., após ser derrotado por Alexandre, o Grande.

David (Davi) (c.1040 a.C. - c.970 a.C.): nasceu em Belém, na antiga Galileia, filho de Jessé. Foi o segundo Rei de Israel, importante personagem histórico e bíblico que aparece no Velho Testamento. Davi venceu o gigante Golias, campeão dos filisteus, submetendo, então, os filisteus.

Didone (Dido): teria sido a primeira rainha de Cartago, por volta do ano 800 a.C.

Duque de Ferrara: refere-se a Ercole I d'Este (1431 – 1505) que foi Duque de Ferrara de 1471 a 1505; e a Afonso I d'Este (1476 – 1534) que foi Duque de Ferrara de 1505 a 1534.

Duque de Milão: ver Francisco Sforza.

Duque Valentino: ver César Bórgia.

Eliogabalo (Marco Aurelio Antonino Augusto) (203 - 222): nasceu em Roma, e foi imperador romano de 218 até sua morte, em 222. Foi sucessor de Caracala, seu tio.

Epaminondas (c.418 - 362 a.C.): foi um general tebano, maior responsável pela hegemonia de Tebas sobre Esparta.

Ercole I d'Este (1431 - 1505): nasceu em Ferrara, membro daquela que era, provavelmente, a mais antiga família reinante na Itália. Foi derrotado pelos venezianos em 1484, obrigando-se a ceder Polesine.

Etólios: é como se designava o povo que habitava a região montanhosa da Grécia, na costa norte do Golfo de Corinto. Formaram a liga etólia, em c.300 a.C., que compreendia, além dos etólios, boa parte dos povos da Grécia central. Os etólios eram rivais dos aqueus.

Fabio Mássimo (c.275 a.C. – 203 a.C.): foi um político e militar romano, foi apontado como "ditador", que naquele contexto significava atuar como magistrado. Foi conhecido pela alcunha de "cunctator", palavra que denomina o procrastinador e contemporizador, já que os exércitos de Aníbal saquearam durante quase um ano a península itálica, sem que os romanos respondessem à altura.

Federico de Aragão (1451 – 1504): nasceu em Nápoles, foi um nobre italiano que se tornou Rei de Nápoles, de 1496 a 1501. Foi derrotado por Luís XII.

Fernando II de Aragão (o Católico) (1452 - 1516):nasceu em Sos del Rey Católico, na província de Aragão (Espanha). Foi Rei da Espanha de 1469 até sua morte, em 1516. Casou-se com Isabel de Castela e foi um Rei expansionista.

Filipe II da Macedônia (382 a.C. — 336 a.C.): nasceu em Pela, capital do antigo reino da Macedônia. Foi Rei da Macedônia de 359 a.C. até sua morte, em 336 a.C. Seu filho foi Alexandre, o Grande.

Filipe V da Macedônia (238 a.C. — 179 a.C.): foi Rei da Macedônia de 221a.C. até sua morte, em 179 a.C. Foi aliado de Aníbal contra os romanos.

Filippo Maria Visconti (1392 – 1447): foi um nobre italiano, e último Duque de Milão da família Visconti.

Filopêmenes (253 a.C. - 183 a.C.): nasceu em Megalópolis, no sul da Grécia. Foi um político e general grego, que contribui sobremaneira com a resistência aos romanos.

Francisco Sforza (Duque de Milão) (1401 - 1466): nasceu em San Miniato, filho de Múcio Attendolo Sforza, a quem sucedeu no comando das forças militares, chamadas de Sforzeschi. Casou-se, em 1441, com Bianca Maria Visconti, filha de Filippo Maria Visconti, Duque de Milão. Com a morte de Filippo, em 1447, que não deixou descendentes homens, e após alguma disputa pelo trono, Francesco Sforza tomou para si o controle de Milão, em 1450, tornando-se Duque de Milão.

Francesco Vettori (1474 – 1539): nasceu em Florença, membro de uma nobre família, foi embaixador da república de Florença na corte pontifícia do Papa Leão X. Conheceu Nicolau Maquiavel, de quem recebeu a famosa carta, datada de 10 de dezembro de 1513, na qual Maquiavel descreve seu dia a dia no exílio do Albergaccio, comparando as ocupações fúteis da manhã e da tarde com o estudo noturno dos clássicos.

Frei Girolamo Savonarola (1452 - 1498): nasceu em Ferrara, foi um religioso e político italiano. Foi um crítico ferrenho da vida pagã do Renascimento, dirigindo-se tanto ao povo, quanto aos senhores, ou à própria igreja. Acumulando vários inimigos, e abandonado pelo povo, foi preso e executado na fogueira, em 1498.

Giorgio Scali: foi um político cruel e membro da elite de Florença, citado no livro por não ter conseguido manter o povo a seu lado na defesa de seu governo (este evento é citado em mais detalhes no livro de Maquiavel, Histórias de Florença - volume 3). Giorgio Scali é um personagem pouco citado em livros e enciclopédias, tendo pouca informação disponível sobre ele.

Giovanna II de Nápoles (Joana II) (1373 - 1435): nasceu em Zadar, na Dalmácia (hoje Croácia). Foi rainha de Nápoles, a partir da morte de seu irmão, o Rei Ladislau I, 1414, sucedendo seu irmão Ladislau I, seguindo rainha até sua morte, em 1435. Tinha também o título de rainha de Jerusalém, Sicília e Hungria. Sem filhos, adotou, em 1421, Afonso de Aragão como filho, que rompeu relações com ela, algum tempo depois, na briga pelo poder.

Giovanni Acuto (John Hawkwood) (1320 - 1394):nasceu na cidade de Sible Hedingham, Inglaterra, e foi um *condottiero* (líder mercenário de exército), e combateu por diversas facções, entre elas, as de Pisa, de Florença, e de Barnabé Visconti.

Giovanni II Bentivoglio (1443 – 1508): nasceu em Bolonha, filho de Aníbal I, e foi um nobre italiano da poderosa família Bentivoglio, sendo Senhor de fato de Bolonha de 1463 a 1506.

Giovanni Fogliani (1450 - ?): membro de uma importante família da cidade, chegando a ser Senhor de Fermo. Assumiu a responsabilidade pela criação do seu sobrinho Oliverotto de Fermo (Oliverotto Euffreducci), filho de sua irmã Giovanna Fogliani e Giovanni Euffreducci, após a morte deste.

Giovanni di Lorenzo de Medici: ver (papa) Leão X.

Giuliano di Lorenzo de Medici (1479 - 1516): nasceu em Florença, foi o sétimo e último filho de Lorenzo de Medici (o Magnífico) e Clarice Orsini, foi Senhor de Florença desde 1513, Duque de Nemours desde 1515, e capitão-geral da Igreja desde 1515 até sua morte.

Giuliano di Piero de Medici (1453 - 1478): nasceu em Florença, e foi um importante político e Senhor italiano. Era irmão de Lorenzo, o Magnífico, e filho de Piero di Cosimo de Medici, conhecido como "Il Gottoso", que foi o Senhor de fato de Florença por cinco anos, de 1464 a 1469. Morreu esfaqueado durante a conspiração dos Pazzi; em 26 de abril de 1478, que foi uma tentativa da família Pazzi, chefiada por Jacopo Pazzi, de tomar o poder da família Médici, mas o irmão de Giuliano, Lorenzo, sobreviveu.

Giulio di Giuliano de Medici (1478 – 1534): nasceu em Florença, filho de Giuliano di Piero de Medici, e sobrinho de Lorenzo, o Magnífico. Assumiu o poder em Florença, após a morte de seu primo, em 1519, Lorenzo II; e tornou-se Papa (Clemente VII), de 1523 até sua morte, em 1534.

Godos: povos de tribos germânicas, originários da região da atual Suécia, que migraram para a Europa continental a partir do século I. No século IV, ainda na Europa, subdividiram-se em visigodos e ostrogodos.

Gracco: importante família romana, membro da *gens* (termo que designava linhagem) Semprônio, representada, em especial, pelos irmãos Tibério e Caio Semprônio Gracco, tribunos romanos.

Guelfos e gibelinos: facções políticas opostas em disputas desde o século XII até o século XIV.

Guido Ubaldo (Guidobaldo) I de Montefeltro (1472 - 1508): nasceu em Gubbio, mas depois foi Duque de Urbino. Era filho de Frederico III de Montefeltro e Battista Sforza. Foi um *condottiero* (líder mercenário de exército), e combateu a serviço do Papa Alexandre VI, e das tropas francesas do Rei Carlos VIII. Foi expulso de Urbino em 1502 por César Bórgia, que assumiu o título de Duque de Urbino. Guidobaldo consegui retornar a Urbino em 1503, com o declínio dos Bórgia.

Hierão II de Siracusa (c.308 a.C. - c.215 a.C.): governou Siracusa, na Sicília, desde o ano de 270 a.C. até sua morte, em 215 a.C. Ficou conhecido como o "Tirano de Siracusa".

Imperador de Constantinopla (Joannes Cantacuzenus) (1300 – 1383): nasceu em Constantinopla, de uma família nobre, e reinou de 1347 a 1354.

Juliano (Marco Dídio Severo Juliano) (c.133 - 193): nasceu em Milão e foi imperador romano somente no período de 28 de março a 1º de junho de 193, quando foi deposto e morto pelo senado, que temia Sétimo Severo, que chegava com suas tropas a Roma. Esse ano ficou conhecido como "o ano dos cinco imperadores".

Júlio II (Giuliano della Rovere) (1443 - 1513): nasceu em Savona, na Itália, com o nome de batismo de Giuliano della Rovere. Era sobrinho do Papa Sisto IV. Foi Cardeal de San Pietro ad Vincula (São Pedro) de 1471 a 1503, ano em que foi eleito papa, cargo que ocupou até 1513, ano de sua morte. Era um homem sem escrúpulos, enriqueceu através da igreja, e foi um Papa guerreiro e violento.

Leão X (Giovanni di Lorenzo de Medici) (1475 - 1521): nasceu em Florença, filho de Lorenzo – o Magnífico -, e seu nome de batismo era Giovanni di Lorenzo de Medici. Era o Cardeal de Médici quando foi eleito papa, sucedendo ao Papa Júlio II, em 1513; continuando Papa até sua morte, em 1521.

Locrenses: povo de antiga tribo grega que habitou a região central da Grécia, próximo ao monte Parnasso, entre os anos 2.000 a.C. e 300 a.C.

Lorenzo di Piero de Medici (o Magnífico) (1449 - 1492): nasceu em Florença, e foi Senhor de Florença desde 1469 até sua morte, em 1492. Foi também foi escritor, poeta e mecenas, além de um dos políticos mais importantes do Renascimento, reconhecido pela brilhante administração do poder, tanto que seu breve governo encheu de esperanças o povo de Florença; mas, doente, foi para Roma, onde morreu poucos dias após nascer sua filha Catarina, que se tornou, mais tarde, rainha da França.

Lorenzo di Piero de Medici (Lorenzo II) (1492 – 1519): nasceu em Florença, neto de Lorenzo, o Magnífico, e filho de Piero di Lorenzo de Medici. Foi o primeiro e único Duque de Urbino, da família Medici. Maquiavel dedicou-lhe o seu livro O Príncipe, em 1516, após a morte de Giuliano di Lorenzo de Medici, a quem tinha a intenção original de dedicá-lo.

Luca Rinaldi (? - 1552): foi um padre da Igreja católica, sendo um dos homens próximos ao imperador Maximiliano I, e serviu como bispo de Gravina di Puglia, de 1518 a 1552.

Ludovico Sforza (o Mouro) (1452 — 1508): nascido em Milão, Itália, foi o quarto filho de Francisco Sforza e Bianca Maria Visconti. Patrono de Leonardo da Vinci e outros artistas notáveis de sua época, ele é conhecido por ter encomendado a "Última Ceia" a da Vinci. Quando seu irmão Galeazzo Sforza, Duque de Milão, foi assassinado em 1476, Ludovico, então Duque de Bari, usurpou o ducato de seu sobrinho Giovanni Galeazzo, com apenas 8 anos, de quem se fez tutor; e Ludovico foi, de fato, Senhor de Milão. Foi derrotado por Luís XII, Rei da França.

Luís XI (1423 - 1483): nasceu em Burges, na França. Conhecido como Luís, o Prudente, foi Rei da França, sucedendo ao seu pai, o Rei Carlos VII, no período de 1461 até sua morte, em 1483. Foi o Rei que iniciou a unidade nacional francesa.

Luís XII (1462 - 1515): nasceu em Blois, na França. Era o Duque de Orleans quando sucedeu ao Rei Carlos VIII, e seguiu como Rei da França de 1498 até sua morte, em 1515. Continuou com a política de seu pai, de buscar conquistas na Itália.

Lucchese: família italiana de certa relevância, da época do Renascimento.

Macrino (Marco Opélio Macrino) (c.164 - 218): nasceu em Cesareia, na Fenícia (hoje, Argélia). Autoproclamou-se imperador romano, em 217, após a morte suspeita do imperador Caracala; mas seu governo durou apenas14 meses.

Marco Aurélio (o Filósofo) (121 - 180): nasceu em Roma, e foi imperador romano, sucedendo ao imperador Antonino Pio. Marco Aurélio governou desde o ano 161 até sua morte, em 180. Marco Aurélio é lembrado como um importante filósofo estoico (o estoicismo é uma doutrina que prega a virtude como o caminho para a felicidade, e a aceitação das coisas como são), autor de "Conversas Consigo Mesmo". Alguns imperadores posteriores usaram o nome "Marco Aurélio" para dar a entender uma relação familiar com Marco Aurélio que, na verdade, não existia.

Marquês de Mantova (Francesco II Gonzaga) (1466 – 1519):nasceu em Mantova, filho do também marquês de Mantova Federico I Gonzaga e de Margherita di Wittelsbach, ocupou o título de marquês de 1484 a 1519.

Marranos: eram assim chamados os mouros e judeus que, para evitar a perseguição, convertiam-se ao cristianismo. Eram chamados assim porque não comiam carne de porco.

Maximiliano I (1459 – 1519): nasceu em Wiener Neustadt, cidade austríaca, filho de Frederico III, e foi imperador do sacro império romano, desde 1493 até sua morte, em 1519. O sacro império romano era formado por um conjunto de países na Europa central, ao norte do império romano. Disputou com a França a posse do ducado da Borgonha, sem sucesso.

Maximino (Caio Júlio Vero Maximino) (Maximino Trácio) (173 - 238): nasceu na Trácia (região da Macedônia antiga, hoje compreendida por parte da Grécia, Bulgária e Turquia). Foi imperador romano de 235 a 238, sucedendo a Alexandre Severo sem sequer buscar a anuência do senado romano. Acabou morto pelos seus próprios soldados. Uma curiosidade sobre Maximino é que, segundo biografia histórica, ele teria sido um dos homens mais altos, medindo entre 2,40 e 2,50 m.

Médici: importante família de Florença, que foi protagonista na história da Itália e da Europa entre os séculos XV e XVIII. Lorenzo de Medici, o Magnífico, a quem Maquiavel dedicou o livro "O Príncipe", teve 4 filhas mulheres e 3 filhos homens, qualificados pelo próprio pai, da seguinte forma: Piero era louco, Giovanni era esperto, e Giuliano era bom.

Medos: povos que habitaram o planalto iraniano na idade antiga, assim como os persas, e que se originaram da região da atual Rússia.

Messer: segundo o Dicionário Etimológico da Língua Italiana - Zanichelli, o termo "messer" vem do francês antigo "mes sire" (séc. XIII.), que significa "meu senhor". É uma forma respeitosa de tratamento, e foi utilizada por Maquiavel, em algumas situações, no livro.

Messer Giorgio Scali: ver Giorgio Scali

Moisés: personagem histórico reconhecido pelo cristianismo, judaísmo, islamismo, entre outras religiões, foi adotado pela filha do faraó egípcio e criado no palácio. Segundo a Bíblia, Moisés, já adulto, foi instrumento de Deus para libertar o povo judeu do cativeiro no Egito.

Múcio Attendolo Sforza (1369 - 1424): nasceu na cidade de Cotignola, província de Ravenna, e foi um *condottiero* (líder mercenário de exército), e combateu a serviço de vários nobres italianos, inclusive a rainha Giovanna de Nápoles.

Nábis (o Usurpador) (séc. III a.C. - 192 a.C.): nasceu em Esparta, e foi Rei de Esparta de 207 a.C. até sua morte, em 192 a.C.

Nigro (Pescênio Nigro) (c.135 - 194): nasceu em Aquino, Itália, e foi proclamado imperador romano de 193 a 194, durante o ano dos cinco imperadores. Ele reivindicou o trono imperial em resposta ao assassinato de Pertinax e da ascensão de Dídio, mas foi derrotado por outro rival ao trono, Sétimo Severo, e morto enquanto tentava fugir de Antióquia.

Niccolò Orsini: ver "conde de Pitigliano".

Niccolò Vitelli (1414–1486): nasceu em *Città di Castello*, foi um *condottiero* (líder mercenário de exército) da família Vitelli e, frequentemente, entrava em conflito com os Papas Paulo II e Sisto IV pelo governo de Città di Castello. Em 1474, 3 anos após Sisto IV assumir o papado, Niccolò foi forçado a deixar a cidade, retornando somente em 1482. Mas, no ano seguinte, foi excomungado pelo Papa e, em 1484, teve que deixar Città di

Castello novamente, retornando logo após a morte de Sisto IV, no mesmo ano.

Oliverotto de Fermo (Oliverotto Euffreducci) (1475 - 1502): nasceu em Fermo, Itália. Foi um *condottiero* (líder mercenário de exército), e Senhor de Fermo, durante o pontificado de Alexandre VI. Sob a direção dos Orsini, conspirou contra César Bórgia, coisa que lhe custou a vida pouco tempo depois.

Orsini: família nobre romana que está entre as mais antigas e importantes da Itália e Europa, com laços de parentesco com o sacro império romano e várias famílias reais da Europa. Dessa família saíram vários Papas e Cardeais, Senadores, Magistrados e Senhores. Foram rivais dos Colonna e dos Bórgia.

Otomano: habitante do império turco, também chamado império otomano, que se originou no final do século XIII na região da atual Turquia, e foi expandindo seu território até a sua dissolução no início do século XX, com a criação da Turquia.

Pandolfo Petrucci (1452 - 1512): nasceu em Siena, região da Toscana, Itália, e foi um político italiano. Casou-se com Aurelia Borghesi e, depois de matar o sogro, Niccolò Borghesi, tornou-se Senhor de Siena. Lutou com Valentino (César Bórgia), em 1503, sendo expulso de Siena, só retornando com o apoio de Luís XII.

Paolo Vitelli (1461 - 1499): nasceu em *Città di Castello*, filho de Niccolò Vitelli, foi Senhor de Montone. Paolo foi um *condottiero* (líder mercenário de exército) e combateu por Florença, contra Pisa; mas, suspeito de traição, foi preso e executado em 1499.

Pertinax (Públio Hélvio Pertinax) (126 – 193): nasceu na cidade italiana de Alba, e foi proclamado imperador romano, logo após o assassinato do imperador Cômodo, seu pai, dando início à crise que ficou conhecida como "ano dos cinco imperadores".

Petrarca (Francisco Petrarca) (1304 – 1374): nasceu em Arezzo, e foi um escritor, poeta, e filósofo italiano, considerado o precursor do humanismo renascentista, e um dos principais nomes da literatura italiana, sobretudo graças à sua obra Canzoniere, de onde saíram os versos que encerram a obra de Nicolau Maquiavel: O Príncipe.

Piero di Lorenzo de Medici (1472 - 1503): nasceu em Florença, e foi um político e Senhor de Florença, filho mais velho de Lorenzo de Medici e Clarice Orsini, e irmão de Giovanni de Medici (papa Leão X). Sucedeu a seu pai, Lorenzo, como Senhor de Florença, de 1492 a 1494, quando, cedendo à investido do Rei da França Carlos VIII, largou o poder, exilando-se. Ficou conhecido como um tirano odioso e covarde, desprezado pelos florentinos.

Pirro (318 a.C. – 272 a.C.): foi Rei de Epiro, de 306 a.C. a 300 a.C. e de 298 a.C. a 272 a.C. Conquistou o sul da Itália e a Sicília por um curto período (280 a.C. - 276 a.C.). Quando Pirro invadiu a Apúlia (279 a.C.), combateu e venceu os romanos na batalha de Ásculo, onde os romanos perderam 6.000 homens e Pirro perdeu 3.500. Apesar da vitória, Pirro sofreu tantas perdas em seu exército, que teria dito: "Mais uma vitória como esta e estarei arruinado." Devido a isso, surgiu a expressão "vitória de Pirro", que representa um ganho aparente, mas a um altíssimo custo.

Pisani: importante família da antiga república de Veneza, com um papel relevante nos eventos políticos e econômicos durante o período entre os séculos XII e início do século XVIII.

Quíron: segundo a mitologia grega, era um centauro (metade homem, metade cavalo) de superior inteligência e sabedoria, que teria sido mestre de Aquíles, Teseu, entre outros.

Ramiro d'Orco (Ramiro de Lorca) (1452 - 1502): nasceu em Lorca, cidade da região de Múrcia, Espanha. Foi um *condottiero* (líder mercenário de exército), a serviço de César Bórgia, que o fez governador da Romanha, em 1501.

Roberto de San Severino (1418 - 1487): nasceu em Caliano, Itália. Foi um *condottiero* (líder mercenário de exército) e comandou as tropas de Gênova, de Veneza e do Papa Sisto IV, entre outras.

Rômulo: segundo a mitologia romana, foi o fundador e primeiro Rei de Roma, que, por tradição, é apontada como sendo em 21 de abril de 753 a.C. Segundo a lenda, Rômulo e seu irmão gêmeo, Remo, foram jogados no rio Tibre, pelo seu tio, logo após o nascimento; mas teriam se salvado e, para não morrerem de fome, foram alimentados por uma loba. Depois de adulto, Rômulo mata seu tio e, junto com seu irmão, decidem fundar uma cidade nova para morarem; porém, devido a divergências sobre nome e local, Rômulo mata Remo.

Sanesi: família italiana de certa relevância, da época do Renascimento.

San Giorgio (Cardeal Raffaello Riario Della Rovere) (1460 - 1521): nasceu em Savona, região da Ligúria, Itália. Era filho de Antonio Sansoni e Violante Riario Della Rovere, e acabou levando o sobrenome de sua mãe. Foi um Cardeal italiano que ocupou várias posições no governo da Igreja católica. Era um mecenas amante das artes e, em grande parte devido a ele, Michelangelo iniciou sua atividade em Roma.

San Pietro ad Vincula: nome de uma Igreja em Roma, o qual Giuliano della Rovere adotou para seu título de Cardeal, e tornando-se depois o Papa Júlio II. Ver mais informações em **Júlio II**.

Senhor de Camerino (Júlio César de Varano) (1434 - 1502): Júlio César, da família Camerino, foi Senhor de Camerino de 1444 a 1502, quando foi feito prisioneiro por César Bórgia na conquista da Romanha.

Senhor de Faenza (Astorre III Manfredi) (1485 – 1502): Astorre nasceu em Roma, e foi Senhor de Faenza de 1488 a 1501. Era filho de Galeotto Manfredi, assassinado com a conivência da esposa, da família Bentivoglio, que desejavam dominar Faenza; porém, com a intervenção de Florença, foi assegurado o governo ao menino Astorre.

Senhor de Pesaro (Giovanni Sforza) (1466 - 1510): nasceu em Pesaro, na Itália. Era filho de Costanzo I Sforza, sobrinho de Ludovico Sforza, o "Mouro", e primeiro marido de Lucrécia Bórgia. Foi um *condottiero* (líder mercenário de exército), e Senhor de Pesaro e Granada.

Senhor de Piombino (Jacopo IV Appiano) (1459 - 1510): nasceu em Piombino, na região da Toscana, Itália; e foi o sétimo Senhor de Piombino. Em 1501, fugiu com a aproximação das forças de Valentino (César Bórgia), que ocuparam Piombino, sendo que, somente em 1503, Jacopo recuperou o domínio da cidade.

Senhor de Rimini (Sigismondo Pandolfo Malatesta) (1417 - 1468): nasceu em Brescia, região da Lombardia, Itália. Foi um *condottiero* (líder mercenário de exército) que ficou famoso pela sua audácia, mas, foi também um patrono das artes.

Senhor Paolo (Paolo Orsini) (1450-1503): nasceu em *Città della Pieve*, foi um nobre italiano da família Orsini e um *condottiero* (líder mercenário de exército). Paolo mediou as negociações de paz entre o Duque Valentino (César Bórgia) e a família Orsini, sem conhecer suas verdadeiras intenções. Foi morto a mando do duque, em 1503, pouco tempo depois de ter sido preso.

Senhora de Forli (Catarina Sforza) (condessa de Forli) (1463 - 1509): nasceu em Milão, neta de Francisco Sforza, e filha ilegítima de Galeano Mario Sforza com sua amante Lucrécia Landriani.

Casou-se com Girolamo Riario, Senhor de Forli, e sobrinho do Papa Sisto IV.

Severo (Sétimo Severo) (146 - 211): nasceu em Magna, atual Líbia. Foi imperador romano proclamado pela legião do Danúbio, logo após a morte do imperador Pertinax, assim como outras legiões, proclamaram outros imperadores; a legião do Reno proclamou Cláudio Albino, a do oriente, Pescênio Nigro. Já Dídio Juliano ofereceu mais dinheiro (numa disputa em forma de leilão com Tito Flávio) aos soldados, para comprar seu apoio, e foi proclamado imperador pelo senado romano. Esse caso ficou conhecido como "o ano dos cinco imperadores". Ao final, Sétimo Severo ganhou todas as disputas travadas e consolidou-se no poder.

Sforza: família aristocrática de Milão, e que permaneceu no poder de 1450 a 1535.

Sisto IV (Xisto IV) (Francisco della Rovere) (1414 - 1484): nasceu em Savona, e foi Papa de 1474 a 1484. Foi patrono das artes, promoveu intervenções urbanísticas e arquitetônicas em Roma, mas, também, foi conhecido por seu nepotismo, e por patrocinar várias das guerras na região.

Teseu: herói da mitologia grega, a quem se atribui a fundação de Atenas.

Tito Quinto (Tito Quíncio Flaminino) (229–174 a.C.): foi um militar e político romano, eleito cônsul em 198 a.C. Foi o principal general romano na vitória da guerra macedônica (200–197 a.C.) contra o reino da Macedônia de Filipe V.

Virgílio (Públio Virgílio) (70 a.C. - 19 a.C.): nasceu em Andes (atual Virgílio), e foi um dos mais famosos poetas clássicos romanos, autor de três grandes obras: Bucólicas, Geórgicas e Eneida.

Vitelli: conhecida família de nobres italianos da idade média, e a mais importante de *Città di Castello*, da qual foram Senhores nos séculos XV e XVI.

Vitellozzo Vitelli (c.1458 - 1502): nasceu em *Città di Castello*, filho de Niccolò Vitelli, foi Senhor de *Città di Castello*. Preocupado com a perigosa ambição de César Bórgia, participou, em 1502, do complô contra este, conhecido como *congiura della Magione* (em referência à cidade onde ficava o castelo onde se reuniram em segredo); mas, ainda no mesmo ano, foi emboscado e morto pelas forças de Bórgia.

Xenofonte (c.435 a.C. - c.355 a.C.): foi um historiador, filósofo (discípulo de Sócrates), e mercenário grego. Autor de Ciropédia, Apologia de Sócrates ao Júri, e vários escritos sobre diálogos de Sócrates.

AGRADECIMENTO

Obrigado pela leitura do livro! Espero que este incrível livro de Maquiavel, cuja tradução e edição fiz com muito empenho, tenha lhe agregado valor e, de algum modo, criado conhecimento ou encorajado reflexões. Gostaria muito de poder conhecer a sua opinião sobre o livro e, para isso, seria fantástico (e eu ficaria muito grato!) se você pudesse dedicar algum tempo para escrever uma avaliação na página do livro, na loja onde foi comprado. Isso ajuda editores independentes, como eu, a divulgar o trabalho e informar outros leitores.

Muito obrigado!

Rodrigo Vargas - Tradutor

O livro "52 Bons Hábitos de Gestão, Liderança e Relações Humanas" descreve os bons hábitos que podem ajudar você, em seu ambiente de trabalho, a se destacar dos demais, demonstrando confiança e credibilidade aos superiores, pares e subordinados; aumentando sua produtividade e de sua equipe; melhorando seu relacionamento, sua liderança, sua eficiência e otimizando seu tempo. O livro é resultado do aprendizado e da análise crítica do autor decorrente de vários anos de experiência em gestão na indústria.

Com uma linguagem simples e objetiva, o livro é uma opção de leitura fácil e envolvente distribuída ao longo de 52 capítulos: 1. Estabeleça metas e trabalhe para atingi-las! 2. Saiba ter equilíbrio emocional! 3. Esteja preparado para as mudanças! 4. Saiba como marcar reuniões eficazmente! 5. Solucione problemas! 6. Aprenda a dar ordens! 7. Exponha uma opinião contrária de modo inteligente! 8. Coloque as pessoas de sua equipe onde elas rendem mais! 9. Relacione tarefas a nomes! 10. Lidere reuniões! 11. Faça, pelo menos, um elogio por dia! 12. Demonstre sempre uma postura séria! 13. Saiba conviver com as críticas! 14. Saiba gerenciar eficazmente seu tempo! 15. Dê bons exemplos! 16. Prefira não criticar seu colega! 17. Não se envolva com fofocas! 18. Comemore as suas vitórias! 19. Evite discussões! 20. Seja justo! 21. Tenha um aperto de mão firme! 22. Assuma seus erros! 23. Peça *feedback* sincero! 24. Em reuniões, fale somente o necessário! 25. Não exagere no trabalho! 26. Faça um esporte! 27. Faça um trabalho voluntário! 28. Só prometa aquilo que você está certo de que poderá cumprir! 29. Avalie eficazmente sua equipe! 30. Tenha um plano de carreira! 31. Livre-se das perguntas embaraçosas! 32. Formalize o que é importante! 33. Fale em público! 34. Contorne os erros. Tenha foco na busca de soluções! 35. Saiba como chamar a atenção dos outros, quando errarem! 36. Entenda plenamente toda a pergunta que lhe for feita e pense antes de respondê-la! 37. Crie uma perspectiva positiva do futuro! 38. Alimente sua cultura geral! 39. Fale outras línguas! 40. Busque constantemente o autodesenvolvimento! 41. Motive sua equipe! 42. Apoie sua equipe! 43. Cumprimente com voz firme! 44. Respeite as normas internas da empresa! 45. Vista-se com elegância! 46. Sorria! 47. Compartilhe informações com sua equipe! 48. Tome decisões! 49. Aprenda com os erros. Aproveite toda energia contida neles! 50. Encare desafios! 51. Delegue autoridade! 52. Siga seus princípios!

A "Cultura de Melhoria" é a mais robusta maneira de levar uma Organização aos níveis de excelência, alcançando melhores resultados, e criando um ambiente de trabalho positivo e fértil. O livro faz uma análise objetiva das mudanças das últimas décadas e das necessidades atuais do mundo corporativo, discorrendo sobre os aspectos que levam a empresa a criar e manter uma Cultura de Melhoria, os benefícios associados a ela, bem como o trabalho que se deve fazer para implantá-la. É um livro prático, abordando o passo a passo para fazer uma transformação positiva na Cultura Organizacional, através dos 7 degraus da criação da Cultura de Melhoria:

1) Decisão
2) Seleção das Lideranças
3) Treinamento das Lideranças
4) Treinamento dos Colaboradores
5) Fermentação Cultural
6) Repetições Cíclicas
7) Cultura de Melhoria

O livro é indicado para gestores interessados em melhorar a Cultura na sua Organização, buscando maior competitividade, melhor ambiente de trabalho, e melhores resultados. É indicado, também, para os profissionais que buscam ampliar seus horizontes, entendendo importantes aspectos da Cultura de uma Organização.

Após a visita de milhares de profissionais e estudantes ao portal GestaoIndustrial.com, e várias solicitações para disponibilizar o conteúdo em formato de livro, foi aceito mais este desafio. O objetivo foi o de disponibilizar conteúdo e informação, devidamente adaptados ao formato de livro, de modo que você pudesse carregá-lo sempre consigo, inclusive off-line. Portanto, este livro contém, basicamente, os temas que, ao longo de vários anos, foram editados para o portal da web, no entanto, é bom que se frise, o conteúdo não é exatamente o mesmo.

O livro "Gestão Industrial de A a Z" proporciona uma visão geral da gestão na indústria, abordando os seus temas mais importantes: Análise de Alternativas Econômicas, Best Sellers – Processos e Pessoas, China, Comércio Exterior, Compras, Contabilidade Financeira, Contabilidade Gerencial, Custos Industriais, Desenvolvimento de Competências, Desenvolvimento do Produto, Eficiência dos Processos, Estrutura Organizacional, Ferramentas da Qualidade, Gestão de Estoques, Gestão de Pessoas, Gestão do Tempo, Indicadores Econômicos da Atividade Industrial, Lean Manufacturing, Liderança Eficaz, Logística, Manutenção Industrial, Marketing, Modelo de Gestão, MRP – Manufacturing Resource Planning, O Uso Do E-mail Nas Organizações, O Desperdício de Tempo no Trabalho, Pensamentos Motivacionais, Planejamento Avançado da Qualidade do Produto (APQP), Planejamento da Demanda, Planejamento Estratégico, Política de Estoques, Pós-Vendas, Princípios de Gestão, Qualidade Total, Reuniões Eficazes, Sistema de Gestão da Qualidade, Six Sigma, Sustentabilidade, TPM – Manutenção Produtiva Total, Transportes, Tributação, Vendas.

O livro "Matemática Financeira Descomplicada", que é um manual prático, traz para você os fundamentos e principais conceitos da matemática financeira, com explicações objetivas e simplificadas. Afinal de contas, seja para analisar a melhor alternativa de investimento, ou para definir a melhor opção de compra, são muitas e variadas as oportunidades para a utilização dos conceitos da matemática financeira no dia a dia.

É indicado para estudantes e profissionais que necessitem conhecer e aprender os principais conceitos da matemática financeira. Também é indicado para quem quer obter conhecimento para uso geral, do dia a dia, a fim de conseguir entender melhores alternativas de aplicação financeira, ou de compras de produtos, por exemplo, para comparar e avaliar alternativas a prazo e à vista, entre outras.

Algumas das características desta edição:

- Para cada novo conceito, o livro traz exemplos de aplicação ou simulações;
- Os exercícios resolvidos apresentam tanto as resoluções matemáticas, quanto as resoluções com a HP 12C (demonstração "passo a passo" e "tecla a tecla"), além de mostrar o uso das tabelas financeiras;
- O livro conta com uma seção ilustrada, para iniciantes na HP 12C;
- Tabelas-resumo, com fórmulas e principais conceitos;
- Tabelas financeiras para facilitar os cálculos e permitir resolver questões com o uso de calculadoras comuns.

No "Guia Prático de Finanças do Dia a Dia" você vai conhecer várias maneiras para usar o seu dinheiro com critério e discernimento, com o objetivo de conquistar uma vida financeira mais saudável!

Veja alguns dos tópicos abordados neste livro:

- Como calcular o valor da multa e juros de um boleto?
- Como calcular o valor futuro de aplicações financeiras?
- Como avaliar a melhor alternativa de investimento?
- Como calcular um aumento acumulado?
- Inflação x Ganho real?
- Pagar à vista ou a prazo? O que é melhor? E quando?
- Quais são os tipos de crédito pessoal e suas taxas?
- Como calcular os juros do cheque especial e do cartão?
- Como planejar financeiramente uma compra ou poupança?

E mais, conheça os 8 Mandamentos das Finanças do Dia a Dia, baixe gratuitamente a calculadora financeira em planilha eletrônica (ensinarei, no livro, o passo a passo para você poder usá-la) e a planilha de controle de finanças domésticas!

Reformule sua maneira de comprar e investir, reveja sua forma de usar o dinheiro, adquira o controle de suas finanças! Compre agora o "Guia Prático de Finanças do Dia a Dia", e comece já a mudar o seu presente e a construir um futuro melhor!

O que você vai encontrar nesse livro? A resposta rápida é: valiosos insights de gestão!

Este livro reúne artigos escritos em 2018 para o Blog que faz parte do portal GestaoIndustrial.com, e que foram organizados por categorias para otimizar a leitura.

O livro "Falando de Gestão" é indicado a todos que gostam do tema e querem se desenvolver através de insights que envolvem vários aspectos relativos à gestão.

No livro você encontrará os seguintes temas, discutidos através de vários artigos do autor:

- Administração Geral
- Cultura Organizacional
- Desenvolvimento Profissional
- Gestão de Projetos
- Liderança
- Marketing
- Planejamento Estratégico,
- Produtividade
- Qualidade.

Baseado em uma permanência de um mês na China, a trabalho em 2010, eu decidi colocar no papel alguns aspectos interessantes e vários aprendizados dessa interessante e enriquecedora experiência.

Um dos maiores objetivos foi o de dar uma macro perspectiva da forte economia chinesa, e mostrar alguns indicadores chave relacionados a isso. Para uma melhor compreensão dos números, foi feita uma comparação com as economias dos Estados Unidos e do Brasil. Foram atualizados os indicadores em 2015 com a melhor e mais confiável informação que pôde ser encontrada, cujos dados, basicamente, foram coletados da Agência Central de Inteligência Norte Americana (CIA) e do Banco Mundial (WB).

Esse livro, escrito em inglês, pode-se dizer que é como um álbum de viagem, com informações técnicas e interessantes sobre a economia e o povo chinês.

Este é o segundo livro da série "Falando de Gestão", que apresenta vários insights de gestão, e nesta edição, reúne os artigos escritos em 2019 para o Blog que faz parte do portal GestaoIndustrial.com, os quais estão todos organizados por categorias para otimizar a leitura.

Os livros da série "Falando de Gestão" são indicados a todos que gostam do tema e querem se desenvolver através de insights que envolvem vários aspectos relativos à gestão.

Neste livro você encontrará os seguintes temas, explorados através de vários artigos do autor:

- Administração Geral
- Cultura Organizacional
- Desenvolvimento Profissional
- Liderança
- Marketing
- Planejamento Estratégico,
- Produtividade
- Qualidade.

O processo cognitivo do desenvolvimento de competências depende necessariamente da memória, ele está baseado no que eu chamo de círculo virtuoso do estudante de sucesso: estudar, compreender e memorizar! Portanto, sem memorização não há conhecimento. Veja que as pesquisas de Ebbinghauss mostraram que em condições normais, após 2 dias, a lembrança do que havia sido previamente memorizado tende a ser menos de 30%, por isso as técnicas adequadas e a correta metodologia do estudo podem proporcionar um rendimento e uma eficiência muito maiores.

No livro "Técnicas de Memorização para Estudantes" você vai conhecer os Mandamentos da Boa Memória (hábitos para criar uma boa memória), as Dicas de Memorização (*insights* para turbinar a memorização), e os Métodos de Memorização (sistemas estruturados para memorizar desde pequenos até grandes conteúdos) aplicados ao estudo do conteúdo do ensino médio (o que facilita o entendimento para a grande maioria das pessoas) e, com extrema facilidade, você conseguirá criar seus próprios "pregos" mnemônicos para outras matérias e necessidades.

As técnicas apresentadas se aplicam às mais variadas necessidades de memorização, seja ou não estudante, inclusive com excelente aplicação no âmbito profissional, no dia a dia do trabalho.

www.ingramcontent.com/pod-product-compliance
Lightning Source LLC
Chambersburg PA
CBHW031116250726
48655CB00004B/1727